옷장 속
인문학

옷장 속 인문학

김홍기 지음

중앙books

우리가 매일 입는 옷과 옷 입기에 대한 인문학적 접근이 매우 흥미롭다. 옷과 미학에 대한 강의와 큐레이션을 전문으로 하는 김홍기의 역사적 통찰과 곁들여진 스토리텔링이 절대 지루하거나 어렵지 않다. 우리가 흔히 쓰는 패션용어들에 대한 해설뿐만 아니라 옷과 옷 입기에 대한 다양한 역사적 인물들의 짧은 멘트 또한 꽤나 재미있다. 이 책으로 인해 우리가 옷을 대하는 태도가 조금은 달라지기를 바라며, 옷을 좋아하고 옷 입기를 즐기는 모든 잠재 패셔니스타들에게 일독을 권한다.

윤경혜(제이콘텐트리 대표)

영혼의 갑옷이라는 이것! 옷은 제2의 피부이자 우리 내면에서 작동하는 무의식의 욕망과 자아를 표출하는 도구다. 옷만큼 입는 이의 취향과 스타일의 표현을 넘어서서 존재감을 드높이거나 덜어내는 것도 많지 않다. 패션이 시대와 유행을 읽는 눈이 되어주고, 개성과 미적 감각을 세계에 고스란히 드러내는 까닭이다. 푸코의 말을 바꿔 말하자면, 패션은 인간이 자신을 주체로 변형하는 한 방식이고, 자기 테크놀로지의 구현 양식이다. 그런 맥락에서 '입는다, 고로 존재한다'라는 명제는 높은 설득력을 얻는다. 저자는 옷뿐만 아니라 구두, 안경, 단추, 지퍼, 포켓 따위를 아우르는 패션의 유구한 역사를 더듬는다. 옷 입기라는 소소한 주제에서 시작해 패션을 중심으로 한 문명사 탐험으로 확

장하며 독자의 인식을 틔우는 데 기여한다. 『옷장 속 인문학』을 읽는 내내 저자의 인문학적 성찰에 감탄했고, 활달한 글쓰기에 깊은 감명을 받았다.

장석주(시인·《일상의 인문학》 저자)

패션은 그 어떤 분야보다 비평이 어렵다. 이유는 간단하다. 비평을 채 하기도 전에 새로운 스타일이 나오기 때문이다. 더구나 지구는 사계절을 지닌 곳이라, 그 시간을 따라가다 보면 패션은 만들어내기가 바쁜 분야다. 그런 까닭에 패션에 관해 뭔가 진지한 이야기를 하는 것은 손해를 각오하고 한 걸음 느리게 가야만 가능한 일이다. 그래서 늘 목이 말랐다. 왜 진작 이런 책이 없었을까? 예술과 패션 사이를 아슬아슬 넘나들던 김홍기의 글쓰기가 드디어 한숨 고르고 진검을 꺼내들었다. 한 시대의 철학과 사회와 기술을 근간으로 철저히 사람들의 취향에 바탕을 두고 성장해온 패션에 관한 역사, 그리고 그에 관한 김홍기만의 예리한 시선이 지금껏 우리에게 없던 패션에 관한 가장 새롭고도 흥미로운 이야기로 탄생했다. 이 책 속에는 티셔츠, 스니커즈, 단추, 지퍼 등 옷장을 열면 누구에게나 매일 아침마다 가장 구체적인 스타일로 현실화되는 물질적 예술에 관한 그의 형이상학적 통찰력이 탁월하게 빛난다.

황록주(미술평론가·경기도 미술관 큐레이터)

차례

2부 매일매일 옷 입기의 인문학

3부 당신의 옷이 말하는 것들

당신의 옷장을 열어라

인간은 처음 태어나서는 배냇저고리를 입고 죽을 때는 수의를 입는다. 참 신기하다. 인간의 삶을 지배하는 가장 강력한 세 가지 요소인 의식주 가운데 탄생과 죽음의 자리를 끝까지 함께해 주는 것은 옷밖에 없다. 옷은 한 인간의 삶 전체를 설명해주는 사물이자 인간을 사회적 존재로 만들어주는 도구다. 태어나서 죽을 때까지 우리는 집 밖을 나서는 모든 순간에 옷을 입어야 한다. 이렇게 옷을 입고 사람들 사이로 들어가 서로 부대끼고 힘겨루기를 하고, 사랑에 빠지기도 한다. 이런 이유로 사람들에게는 옷과 관련된 특별한 기억이 저마다 하나씩은 있다. 옷은 어쩌면 개인의 고고학적인 기억을 담아놓은 화석인지도 모르겠다.

나는 오랫동안 옷의 역사에 대해 공부해왔다. 지금 우리가 입고 있는 옷의 형태에서부터 시작해 언제부터 단추 달린 옷을 입었는지, 또 찢어진 청바지는 언제부터 인간의 역사에 들어왔는지 등등 그 주제 또한 다양하다. 거시적 시각으로 시대의 변화를 연구하는 이들에겐 이런 국부적인 패션의 변화가 '아주 하찮게' 느껴질지도 모르겠다. 하지만 나는 이 '자잘한' 옷의 역사를 통해 인간 자체를 배웠다. 아니, 지금도 열심히 공부 중이다.

한 시대의 유행과 스타일, 옷을 입는 방식은 딱딱한 역사책을 통해서는 절대 알 수 없는 의외의 것들을 말해준다. 패션은 사람들의 관심이 무엇에 쏠리고 끌렸는지를 보여주고, 시대의 열망 앞에서 그들이 어떻게 반응했는지를 알려주는 풍향계다. 정치와 문화 그리고 예술, 이 모든 이야기가 한 벌의 옷 속에 담겨있다.

"패션은 단순한 옷의 문제가 아니다. 패션은 내게 불어오는 공기 속에 있으며 바람 위에서 태어난다. 사람들은 그것을 느끼고 또 들이마신다. 패션은 하늘에도, 길거리에도 존재한다. 그것은 모든 곳에 존재한다. 생각, 격식, 사건에도 패션은 녹아있다."

20세기 여성 패션의 혁신을 선도한 코코 샤넬의 말은 패션이 그저 한 벌의 옷이 아니라 삶의 총체임을 말해준다. 즉, 옷을 통해 우리의 삶에 대해 생각해보고 질문할 수 있어야 한다는 뜻이다. 사회가 성숙화되어가고, 사람들의 미감이 세련되어질수록 필연적으로 등장하는 것이 우리가 입고 먹고 살아가는 의식주에 대한 관심이다. 관심은 다른 게 아니다. 너무나 익숙한 주제에 대해 존재론적인 질문을 던지는 것이다.

나는 다양한 문학작품과 철학, 사회현상 등에서 옷과 관련된 생각을 촉발할 수 있는 기폭제들을 발췌해 이 책에 실었다. 이 책에서 다루어진 이야기를 통해 옷이라는 익숙한 사물을 조금은 '낯설게' 볼 수 있는 기회를 갖게 되길 바란다. 또 옷이 어떻게 우리의 내적인 삶의 일부가 되는지, 나아가 옷을 통해 어떤 방식으로 세상을 받아들여 공감대를 넓힐 수 있을지 고민하는 계기를 가져보길 바란다. 이런 고민을 받아들일 때, 우리는 삶의 새로운 방향성을 만들어낼 수 있고, 지금과 다른 희망을 품을 수 있으리라 믿는다. 희망이란 단어의 '희希' 자에는 집단이 함께 직물을 짜는 모습이 형상화되어있다. 직물을 짜는 것은 그저 옷의 재료를 만드는 일을 넘어, 한 사회의 아름다움에 대한 관점과 태도를 짜는 일이다. 즉, 이것은 실로 세상을 바꾸는 일이다.

우리 주변에는 너무 자주 많은 옷을 사서 옷을 가졌을 때의 기쁨을 잃어버린 사람들이 많다. 혹은 늘 옷을 사면서도 입을 옷이 없다고 고민하는 사람들도 있다. 나는 그런 사람들에게 옷이 우리와 함께 걸어온 발자취를 이야기하면서, 우리 또한 옷과 함께 역사의 일부를 만들어간다는 사실을 말해주고 싶다. 옷 입기가 주체적이고 행복한 행위임을 깨닫게 해주고 싶다. 당신의 옷장을 열어보라. 그 속으로 들어가 옷이 들려주는 이야기에 귀를 기울여보라. 바로 지금.

2016년 7월 김홍기

I 부

입는다,

고로 존재한다

옷장은 말해준다, 당신이 누구인지

feat. 주디스 마틴

*"'오늘 뭐 입지?' 라는 말은
사람들이 두 번째로 많이 물어보는 질문이다.
그럼 첫 번째는 뭐냐고? 바로 '나를 정말 사랑해?'이다.
사람들이 이 두 가지 질문 중 어떤 것을 묻든,
두 질문의 답은 유사 이래 결단코 해결된 적이 없다."*

'미스 매너'로 잘 알려진 칼럼니스트 주디스 마틴은
1978년부터 일주일에 세 번씩 세계 200여 개의 신문에
에티켓의 철학을 소개한 미국 최고의 예절 선생님이다.

그녀가 말한 대로 "오늘 뭐 입지?"와 "날 정말 사랑해?"라는
질문만큼 일상에서 자주 등장하는 질문이 또 있을까?
타인에게 사랑과 호의를 얻으려는 마음은
'오늘 어떤 옷을 입을까?'와도 연결이 된다.
옷장 속의 옷도 마찬가지다.
타인을 향한 기대감이나
자신이 원하는 삶의 모습이 없다면
옷장 속 옷들 역시
그저 천 조각에 불과하다.

나는 스타일링 강의를 할 때마다 사람들에게 "당신의 옷장을 되돌아보라."고 주문한다. 패션 스타일리스트들은 '옷장 설계|wardrobe planning'라는 개념을 즐겨 쓴다. 내 옷장에 어떤 옷들이 있는지, 어떤 옷들이 부족한지, 또 이를 채우기 위해 어떤 옷들이 필요한지 알아야 스타일링을 제대로 할 수 있다. 인간의 옷매무새를 포함한 패션 스타일링은 옷 하나하나의 조합이 아닌, 옷장이라는 구체적인 하드웨어에서 출발한다. 결국 스타일링은 인간의 옷장을 설계하는 것이다.

'옷을 보호하는 장소'라는 뜻을 가진 옷장이란 단어가 사전에 등재된 시기는 14세기 무렵이다. 당시 자본주의의 태동과 교역의 확장으로 엄청난 재력을 얻게 된 부르주아들은 귀족들과 경쟁이라도 하듯 화려한 옷들을 사들인 뒤 옷장에 정리하면서 이에 관한 일지를 쓰거나 옷에 대한 논평을 정리해 남겨두곤 했다. 16세기 초 독일의 명문 상업가문이었던 푸거가의 회계사 마테우스 슈바르츠가 그랬다. 그는 1520~1560년까지 무려 40년 동안 자신이 입었던 옷에 대한 기록을 남기기 위하여 나르치스 렌너라는 아우크스부르크 지역의 채색 필사화가로 하여금 100여 장이 넘는 자신의 초상화를 그리게 하였는데, 여기에 더해, 각 초상화 속 패션에 대해 꼼꼼하게 설명을 남겼다. 슈바르츠의 최신 패션을 착용한 모습은 양피지 위에 정교한 수채화로 남겨졌는데, 세계 최초의 패션북trachtenbuch은 그렇게 태어났다. 그는 이 책에 옷을 연출해서 입어야 했던 다양한 상황들을 정리했고, 착용에 따른 결과까지 적어놓았다. '옷 바보kleidernarr'라는 별명이 붙었을 만큼 옷을 무척이나 좋아했던 슈바르츠는 그가 벌어들이는 돈의 대부분을 옷을 사는 데 썼다. 자신의 아들에게도 이와 같은 프로젝트를 계속하라며 격려했지만 다행히(?) 아들은 말을 듣지 않았다.

슈바르츠가 활동했던 16세기 초는 패션 스타일링이 삶의 필수기술이었다. 왕과 귀족은 아래 계급과의 차별화를 위해 사치금지령을 내렸다. 사치금지령은 옷에만 한정된 것이 아니었다. 예를 들어 의상이나 실내 장식용으로 많이 쓰이는 벨벳은 사치의 대표적 상징으로 신사계급gentry과 그 상위 계층에게만 허용되었다. 은으로 만든 식기류도 계급에 따라 초대된 손님들에게 내놓을 수 있는 개수가 정해져있었다. 박차와 말 장식은 기사와 차상위 계층만 소유할 수 있었으며 금과 은, 자주색으로 염색한 직물은 철저하게 귀족 전용 소재였다. 무엇보다 여성의 복식은 남편의 사회적 지위에 따라야 한다는 규정이 있었다. 의복의 종류와 소재가 계급에 맞지 않게 사치스러울 경우 제재를 받았다. 당시 유럽 각 도시의 거리에는 사치금지령이 규정한 드레스 코드와 라이프스타일을 수시로 검사하는 '패션 경찰'도 있었다. 이런 까다로운 환경 속에서, 위로는 사치금지령을 위반하지 않으면서 아래로는 선망과 존경을 끌어낼 수 있는 옷차림의 방식을 찾고자 했던 슈바르츠는 옷을 넘어 옷장 개념으로 스타일링의 방식을 사유했다. 그는 40년 동안 자신이 옷을 통해 얻은 것과 잃은 것, 옷장을 정리하며 느낀 소회를 정리했다. 특히 열네 살 때 학교 졸업과 동시에 학생가방을 옷장에서 미련 없이 버렸던 일이 너무나 자랑스러웠다는 것을 기록으로 남겼을 만큼 그에게 옷장 정리는 생애 단계별 성장의 표시였다. 유년 시절의 성장 과정에서부터 성년이 되기까지, 옷을 통해 느낀 감정과 당대 일상문화에 대한 생각을 기록해온 슈바르츠는 오늘날로 치면 세계 최초의 패션 블로거였다. 그에게 옷이란 자신의 내면을 일깨우고, 교양을 시각적으로 드러내주며, 일상의 새로움을 수용하는 매개였다.

옷장을 보면 그 사람의 삶이 보인다고 할 정도로, 옷장은 한 인간의 성격, 구체적인 미감, 색채와 형태에 대한 이해, 삶을 바라보는 관점들이 담겨있는 광맥鑛脈이다. 독일의 패션치료 심리학자 제니퍼 바움가르트너Jennifer Baumgartner 박사는 즐겨 입는 옷과 옷장을 보면 그 사람의 심리 상태를 알 수 있다고 말한다.
옷장 속 행거에 걸려있는 옷들은 침묵의 어휘다. 즉, 옷은 비언어 커뮤니케이션을 가능하게 한다. 시간의 흐름에 따라 사람들의 지식이 늘고, 사회관계와 소통방식이 복잡해지면서 우리가 사용하는 언어에도 변화가 생기듯, 옷장 속의 옷 역시 세월에 따라 정리할 필요가 있다.

옷장을 정리할 때 고려해야 할 것은 딱 세 가지다. 옷장에 남겨 둘 것인가, 버리거나 기부할 것인가, 수선해서 입을 것인가다. 여기서 가장 어려운 것이 '버려야 할 것'을 고르는 단계다. 사실 버리는 것은 정리정돈보다 더 중요하다. 예를 들어 지난 2년간 한 번도 입지 않았던 옷들은 과감하게 버려야 한다. 또한 가격표도 떼지 않은 채 있었는지조차도 모르다가 정리하면서 알게 된 옷이나 특별한 행사가 있기만을 기다리는 옷, 입은 지 10년도 넘은 유행 지난 옷, 세월이 지나면서 현재의 피부 색조나 체형과 맞지 않는 옷은 과감히 버려야 한다. 버리는 단계에서 살아남은 옷들은 소재별, 색상별로 분류해야 한다. 이 과정을 통해 옷장이 잘 정리되면 힘들게 찾아보지 않아도 어디에 어떤 옷이 있는지 한눈에 파악할 수 있고, 옷도 쉽게 조합해서 입을 수 있다.

옷을 분류하고 정리하는 과정에서 우리는 깨닫는다. 생각보다 필요 이상의 옷을 가지고 씨름하며 살아왔단 사실을 말이다. 유행은 돌고 돌기 마련이라며 유효기간이 지난 옷들을 차마 버리지 못하고 쌓아두는 이들이 있다. 옷에 담긴 추억을 떠올리며 과거의 옷이 가져다주는 정서적 안정감을 이야기하는 이들도 있다. 하지만 그 때문에 옷을 버릴 수 없다면 스스로를 과거에 묶어두는 꼴이 된다. 매일매일 새로운 삶을 살기 위해서는 옷장에 쌓인 묵은 과거부터 훌훌 털어내야 한다. 이를 위해서는 두 가지가 필요하다. 첫 번째, 옷에 집착하지 않고 옷장을 기획하고 편집할 수 있어야 하고, 두 번째로는 나 자신이 스스로를 완벽하게 이해해야 한다.

옷장을 정리한다는 것은 '나는 어느 정도면 충분한가?'라는 질문을 스스로에게 던지는 것이다. 이 질문을 통해 '충분함'에 대한 개인적 정의를 다시 내릴 기회를 갖게 된다.

잘 설계된 옷장을 만드는 비결은 '비움과 채움' 사이의 균형을 찾는 데 있다. 비움이 주는 긴장감은 우리 삶에 활력소가 되기도 한다. 적당한 긴장감은 성취욕과 잠재된 에너지를 일깨우는 긍정적인 역할을 한다. 또한 옷을 분류하고 정리하는 것만으로도 자신의 취향과 스타일을 쉽게 파악할 수 있다는 장점이 있다.

옷을 버리기 전에 자신이 원하는 새로운 삶의 모습을 그려보라. 옷장 정리는 단순한 생활의 정리를 넘어 당신을 이해하고 사랑하는 첫걸음이다.

몸의 인문학
xxxxxxxxxxxxx

바로 지금 옷 공부를 시작해야 하는 이유

feat. 버지니아 울프

거울을 볼 때마다 느끼는 이 수치심은
사춘기가 끝난 뒤에도 일평생 계속되었다.
나는 지금도 사람들 앞에서 화장을 고치는 일조차 할 수 없다.
이 모든 것은 옷과 관련되어있다.
새 옷을 입어보기 위해 탈의실에 들어가
옷을 몸에 맞출 때마다 여전히 두렵다.
아무튼 이런 일은 나를 부끄럽게 하고,
내 의식을 불편하게 만든다.

19세기 영국을 대표하는 여성작가 버지니아 울프가 그녀의
자서전《존재의 순간들》에 남긴 말이다. 그녀는 평생 동안
자기 몸에 대한 수치심과 옷 콤플렉스에 시달렸다.
그녀의 자서전과 일기들을 읽다 보면 그녀가 자기 몸을
마주하는 것을 얼마나 괴로워했는지 알 수 있다. 옷을 사거나
입어봐야 하는 상황에 직면할 때마다 그녀는 과거의
수치스러운 기억을 떠올리며, '다른 사람의 눈에 띄지 않는'
존재가 되길 빌고 또 빌었다. 버지니아 울프는 어린 시절 의붓오빠
조지로부터 성추행을 당한 경험으로 인해 평생 성(性)과 남성,
심지어 자신의 몸에 대해서까지 병적인 혐오감을 지녔다고
전해진다. 게다가 부모를 일찍 여읜 탓에 의붓오빠의 후원 아래
살아야 했는데, 그는 그녀의 옷차림에 대해 지나치게 간섭하고
강요하는 등 정신적인 학대에 가까운 스트레스를 주었다.
당시는 영국에서 가장 보수적인 시기라고 일컬어지는
빅토리아 시대로, 이 시기의 여성들은 수동적이고 의존적인
존재여야 했다. 코르셋과 같은 교정도구로 몸을 옥죄며
여성스러움을 강요당하던 이때 여성이 스스로 자신의 몸을
존중하는 법을 배우기란 불가능했다.
버지니아 울프가 남긴 글과 여성의 신체에 가혹했던 그 시대의
이야기는 우리에게 패션의 진짜 본질이 무엇인가에 대한
단초를 제공한다. 바로 패션의 토대이자 패션의 전부일 수 있는
인간의 몸에 대한 고민이다.

나는 청소년들에게 수학이나 과학을 선행학습 시키느니, 스스로 옷을 고르고 입는 법을 가르치는 게 훨씬 유익하다고 믿는 사람이다. 옷을 고르고 입는 일은 신체적 성장기를 겪고 있는 청소년들로 하여금 자기 몸의 변화를 스스로 인지할 수 있게 해주고, 어떤 색과 스타일의 옷을 입었을 때 신나고 행복한지를 잘 알 수 있게 도와준다. 또 외양적인 면에 있어서는, 타인에게 자신의 매력을 어필할 수 있는 방법을 익힐 수 있고, 인정을 받으면서 자신감이나 자존감 형성에도 긍정적인 역할을 한다. 나는 이런 옷 입기 교육이야말로 청소년들의 삶을 변화시키는 중요한 첫걸음이 될 수 있다고 생각한다.

사실 패션은 옷이 아니라 몸을 공부하는 게 먼저다. 그러기 위해서 패션이 우리 몸과 마음에 어떤 영향을 미쳤는지를 우선 알아봐야 한다. 패션의 역사는 인간이 자아를 발견하고, 자기 몸의 소중함을 깨닫게 되는 정신의 발전사이기 때문이다. 인간은 두 개의 몸을 지니고 있다. 키가 얼마고 몸무게가 얼마다로 표현되는 생물학적 신체와, 심리상태가 반영되는 현상학적 신체다. 사람들이 보통 기쁠 때는 몸이 가볍다고 느끼고, 우울하고 슬플 때는 몸이 무겁다고 느끼듯이 인간의 신체는 심리적 상황에 따라 여러 가지로 변화한다. 긴장하면 몸이 굳어지는 것 같은 느낌이나 부끄러울 때 몸이 위축되는 느낌도 바로 여기에 속한다. 옷은 이 살아 숨 쉬는 현상학적인 신체 위에 걸쳐지는 사물인 동시에, 인간의 몸이 체험하는 모든 감정을 고스란히 받아들이는 매개체다. 바로 옷이 몸과 마음 사이의 접점에 놓여있기 때문이다. 몸과 마음의 매개인 옷을 입는다는 것은 다시 말해 내 몸을 하나의 의식적 대상으로 만드는 행위이자, 내 마음이 들려주는 소리에 귀를 기울이는 일이다.

인간은 누구나 몸이라는 틀에 자신을 맞춰서 살고 있다. 여기서 틀이란 용해된 금속을 넣어서 칼을 만들어내는 거푸집과 같다. 인간은 주변의 다양한 생각과 행동, 느낌 등 갖가지 내용들을 몸이라는 틀 속에 넣어서 그 자신의 몸을 만든다. 그런데 요즘 청소년들은 공부만을 위한 몸의 틀에 맞춰 살아가는 것 같다. 우리의 삶이 얼마나 눈부신 기쁨과 감각으로 채워진 아름다운 세계인지를 만끽할 만한 여유가 없다. 이건 아이들의 잘못이 아니다. 우리 사회가 이들에게 의자에 엉덩이 붙이고 앉아서 공부만 하는 몸을 만들길 강요한 것이다. 그런데 여기서 한 가지 궁금증이 생긴다. 행복이나 기쁨과 같이 감각적인 느낌을 경험해보지 못한 몸을 갖고 사는 인생은 과연 행복할까? 이 땅의 청소년들이 진정 가져야 할 몸은 공부를 위한 몸이 아니라 내가 살아있음을 느끼는 몸이 아닐까? 타인의 상처와 고통을 이해하고 공감하는 몸, 눈앞에 펼쳐지는 아름다움에 감동하는 몸, 보고 듣고 느끼는 감각이 살아 있는 그런 몸 말이다.

안타깝게도 우리는 이 순간을 살아가고 있음에 기쁨을 만끽하는 그런 몸을 키우는 일에 너무나 무관심하다. 대신에 사람들은 디지털 기술을 통해 구현된 팔등신의 왜곡된 몸에만 열광하며, 그것이 자신들이 따라잡아야 할 실제의 몸으로 착각하고 끊임없이 다이어트 전쟁을 치른다. 대중매체와 패션잡지, 영상미디어가 만들어낸 몸의 이미지는 실제 인간이 접근할 수 없는 가상의 몸임에도 불구하고, 그 사실을 깨닫지 못한 채 그 몸을 각자의 몸에 입히려고 혈안이 되어 있다. 이런 시대일수록 패션의 역할이 무엇보다 중요하다. 패션을 통해 진정한 몸이 무엇인지에 대해 생각을 키워주고, 생물학적 신체가 아닌 현상학적 신체를 느낄 수 있게 해주며, 궁극적으로 자신의 몸을 사랑하는 법을 가르칠 필요가 있다. 거기에 더해 자신의 몸에 새겨진 나쁜 기억과 감정을 정리하는 법도 배워야 한다.

옷을 입으면서 우리는 항상 칭찬만 받거나 기분 좋은 경험만 반복하는 건 아니다. 때로는 옷 때문에 누군가로부터 비난을 받거나 무시를 당하면서 굴욕감이나 좌절감 같은 부정적인 감정을 느끼게 되는 경우도 있고, 또 과거의 안 좋았던 기억이 되살아날 때도 있다. 옷을 통해 느낄 수 있는 또 다른 감정은 바로 수치심이다. 여기서 수치심은 그저 옷의 색깔과 사이즈가 내 몸에 맞지 않거나 디자인이 별로라서 발생하는 문제가 아니다. 수치심은 내 몸에 대한 불만, 내가 처한 환경이나 상황에 대한 좌절감, 타인과의 비교가 만들어낸 내 몸을 향한 부정적인 평가가 누적되면서 만들어지는 감정이다.

우리는 유독 내 몸과 패션에 대한 타인의 평가가 부정적일 때, 그것을 너무 지나치게 과장해서 받아들이는 경향이 있다. 이는 자신의 존재감을 타인의 평가 속에서 찾으려 하기 때문이다. 사실 중요한 것은 타인의 평가에 귀를 기울이되 자기 자신이 스스로를 인정하고 평가하는 것이다. '타인이 바라보는 나'가 아닌 '내가 만들어가는 나'에 집중해야 한다는 의미다. 특히 이것은 성장기를 보내고 있는 청소년들에게 유효하다. 옷을 통해 나를 발견하고, 나아가 자존감을 더욱 확고히 할 수 있기 때문이다.

아이들이 자신만의 취향이나 스타일을 스스로 개발할 수 있도록 가이드를 주는 것도 좋지만, 이때 중요한 것은 아이들이 마음껏 시행착오를 해볼 수 있도록 기회를 주고 격려해주는 것이다. 패션은 절대 "이런 몸을 만들어서 이 옷을 입어야 해."라고 말하지 않는다. 어떤 몸이든지 충분히 아름다울 수 있고, 자기 몸의 소중함을 깨달을 수 있으며, 타인들의 인정을 받을 수 있도록 도와주는 것, 그것이 패션이 가진 진정한 힘이 아닐까.

표현의 기술

xxxxxxxxxxxxx

입을 옷이 없다는 당신에게

feat. 미우치아 프라다

"패션은 자기의 표현이자 선택이다.
누군가가 옷을 어떻게 입어야 할지 모르겠다고 말한다면
거울을 보고 자기 자신부터 연구하라고 이야기하겠다."

옷이란 자기 자신을 표현하는 수단이요,
스타일은 자기만의 옷을 입는 가치관이 있어야
비로소 드러난다고 주장하는 디자이너가 있다.
앞서가지만 실용적이고, 튀지 않고 단순하나
어딘가 세련되게 느껴지는 옷을 만드는 디자이너,

바로 미우치아 프라다다.
정치학을 공부한 좌파 페미니스트였던 그녀는 단 한 번도
디자인이나 재단, 패션에 대해 배워본 적이 없지만
패션과 스타일의 본질에 관해서는
누구보다 정확하게 알고 있었다.
그녀는 패션산업이 가진 고정관념을 해체한 디자인과
마케팅으로 새로운 시대의 멋의 기준들을 만들어가고 있는
'패션계의 슈퍼파워'다.

패션 분야의 전문가로 살아가면서 나에겐 사람들의 옷차림에 관해 조언을 해줘야 할 일들이 종종 생긴다. 패션 강의가 끝난 후, 본격적인 숙제가 시작된다. 사람들은 자신의 착장사진을 보내주며 어떤 부분을 고치면 좋을지 단도직입적으로 묻기도 한다. 되돌아보면 남에게 스타일링을 위한 충고를 할 때가 가장 힘들다. 옷을 못 입는 것은 그가 단지 미적 감각이 부족하거나 최신 경향을 몰라서가 아니다. 바로 자기 자신을 받아들이지 않아서다. 그렇기 때문에 타인의 옷차림을 설계하는 일은 자신을 받아들이지 않는 이를 설득하는 게 반이다. 사람을 변화시키는 것은 의지가 아닌 인지의 힘이다. 백 번의 각오와 다짐보다 제대로 한 번 깨닫는 것이 중요하다는 말이다.

옷을 입는다는 건 그저 옷의 실루엣과 색채와 재질감을 이해하는 것에서 끝나지 않는다. 자신의 몸이 가진 장단점을 알아야 하고 나아가 옷을 통해 사회 속에서 맺는 관계에 대해서도 제대로 알아야 한다. 옷은 인간에게 사회적 맥락에 맞춰 다양한 페르소나를 만들어준다. 또 타인에게 호감을 주거나 자신을 어필하는 데도 도움이 된다. 옷을 통해 나를 표현한다는 것은, 옷이 가진 설득의 힘을 깨닫는 과정이다. "펜은 칼보다 강하다The Pen is mightier than the Sword."라는 명언을 남긴 19세기 영국의 저명한 소설가이자 시인, 정치가였던 에드워드 조지 불워 리턴의 말을 한번 들어보자.

"궁극의 드레서가 되기 위해 인간은 주도면밀하게 계산해야 한다. 인간은 매번 같은 옷을 입어서는 안 된다. 장관을 만나러 갈 때, 홀로된 부인을 만나러 갈 때, 욕심 많은 삼촌과 재회할 때, 제 자랑만 늘어놓는 사촌을 만나러 갈 때, 그때마다 다른 옷을 입어야 한다. 패션 외교만큼 섬세한 외교는 없다."

나는 이 말을 곱씹을 때마다, 결국 패션 스타일링은 '누구를 만나는가'라는 만남의 맥락과 상황을 정교하게 계산해내는 일이란 생각을 해본다. 스타일리스트들의 조언은 이럴 때 도움이 된다. 우리가 언어를 배우기 위해 문법을 공부하듯, 패션 스타일링에도 토대가 되는 지식들이 있다. 직물에 관한 기초적 이해에서부터 꽃무늬를 비롯한 프린트물을 입는 법, 몸에 맞는 옷의 색을 고르고 배합하는 법, 액세서리를 멋스럽게 하는 법, 옷에 맞는 헤어스타일을 연출하는 법, 계절을 타지 않는 클래식한 옷을 입는 법 등 다양하다. 더 나아가 청바지를 파티와 사무실 등 다른 맥락에서 연출하는 법이라든가, 갖고 있는 옷을 섞고 재배열해서mix & match 새로운 룩을 만드는 법까지 들어두면 유용한 정보들이 꽤 많다. 그럼에도 대중은 이런 패션에 관련된 조언을 하는 이들이 쇼핑을 부추기는 원인제공자라고 비난을 퍼붓기도 하는데, 실제 그들의 조언을 보면 옷을 새로 사기보다는 '지금 당신의 옷장에 걸려있는 옷'에서부터 출발하라는 경우가 대부분이다.

옷은 인간에게 필요한 세 가지 목표를 이룰 수 있도록 도와주는 도구다. 세 가지 목표란 바로 직업과 사회적 관계, 사랑하는 관계다. 옷을 둘러싼 모든 궁금증은 결과적으로 이 세 가지를 어떻게 하면 효과적으로 얻을 수 있는가의 문제로 요약할 수 있다.
인생을 옷장에 비유해보자. 그 속에서 우리는 매일 삶이라는 전쟁터에 나가 우리를 보호해줄 영혼의 갑옷을 고른다. 그 갑옷은 그저 한기와 더위를 막아주는 일차원적 기능을 넘어, 우리의 존재감, 정체성, 세상과 대면할 용기, 시대를 읽는 눈, 미적 감각 등 취향을 반영하는 거울이어야 한다. 인간은 누구나 사회적 인정을 추구하며 의미 있는 일을 하려고 한다. 사회의 평가와 무관한 중립적 목표란 존재할 수 없다. 패션은 우리가 설정한 목표를 향해 나아가도록 안팎으로 우리를 돕는다. 목표를 향해 가는 과정에서 때로는 두려움과 불안을 경험하며, 그때마다 이런저런 핑계를 대며 포기하거나 회피하고 싶기도 하다. '나는 키가 작아서' 혹은 '얼굴이 커서', '몸에 군살이 많아서' 등등. 이런 핑계는 사실 오래전부터 타인에게 들어왔던 평가와 지적이 누적되면서 '우리 안에서' 스스로 만들어낸 것들이다. 즉, 옷이 문제가 아닌, 자신의 몸에 대해 수치심을 느끼거나 자존감을 키우지 못한 탓에 옷을 고르기가 더 힘든 것이다. 이와 관련해 샤넬의 가장 강력한 라이벌이었던 패션 디자이너 엘사 스키아파렐리는 자신의 자서전에서 다음과 같은 재미있는 말을 남겼다. "여성들 가운데 20퍼센트가 열등감에 시달리고, 70퍼센트가 환상에 사로잡혀있음을 기억하라." 이는 비단 1950년대를 살던 여성들만의 문제가 아니다. 지금도 많은 여성들이 정형화된 미의 기준으로 인해 콤플렉스와 열등감에 시달리고 있다. 이것이 옷을 선택하는 문제를 넘어 한 인간의 자존감에 얼마나 악영향을 미치는지는 패션계뿐만 아니라 사회 전체가 고민할 필요가 있다.

타인의 평가는 한 개인에게 깊은 상처를 남기기도 한다. 그걸 잘 알기에 나는 스타일링 수업에서 타인의 몸에 관해 말을 건넬 때 신중에 신중을 기한다. 하지만 자신 있게 말할 수 있는 건 멋쟁이가 되는 첫걸음은 내 몸을 사랑하는 습관을 키우는 일에서 시작된다는 것이다. 패션은 당신의 키를 갑자기 키울 수도, 10킬로그램쯤 되는 살을 한방에 감량한 것처럼 보이게 할 수도 없다. 단, 색과 재질, 옷이 만들어내는 구조적인 선을 통해 환영의 이미지를 만들어낼 수는 있다. 2킬로그램 정도는 빠진 것처럼 보이게 만들 수도 있다는 얘기다. 다행인 점은 타인들이 그 환상을 아무런 의심 없이 자연스레 받아들인다는 거다.
우리는 각자가 삶에 부여하는 의미와, 그 의미를 전달해줄 이미지 안에서 하루하루를 살아간다. 패션은 자신의 몸을 장식하고 가꾸는 행위를 통해 사회와 대면할 수 있게 해주고, 그 속에서 내가 소망하는 이미지들을 만들게끔 해준다. 이보다 더 큰 생의 마술이 어디에 있겠는가?

패션이라는 자기 배려의 기술

feat. 미셸 푸코

*"자기를 배려할 줄 아는 삶은
자기만의 스타일, 자기만의 미학을 갖게 된다."*

1984년 세상을 떠난 프랑스의 철학자 미셸 푸코가
만년에 몰두했던 연구는 '자기自己'라는 개념이었다.
푸코는 '인간이 자신을 주체로 변형시키는 방식'의 문제에
관심을 가지며 '자기 테크놀로지'를 연구했다.
그것은 다름 아닌 자기 자신을 돌보고, 배려하며,
자기 자신으로 되돌아가고,

자기 자신에게서 기쁨을 찾고,
자기 자신을 존중하는 것이다.
그의 이론에 따르면,
자기 테크놀로지의 핵심은 자기 삶에
형식과 스타일을 부여하는 데 있다.

백화점이나 거리에서 멋지게 옷을 입은 사람들을 만날 때마다 나는 그들의 표정을 스케치하거나, 동의를 구하고 카메라에 담는다. 나는 인간의 표정 속에 '세련됨'의 열쇠가 들어있다고 믿는다. 패션 스타일링, 즉 사람의 옷차림 설계는 착용자로부터 가장 행복한 표정을 끌어올리는 데 그 핵심을 두어야 한다. 1930년대 '패션의 건축가'로 알려진 프랑스의 전설적인 디자이너 마들렌 비요네는 "옷이란 그저 몸 위에 걸쳐지는 사물이 아니다. 옷은 인간 신체의 선을 따라가야 한다. 사람이 웃으면 옷도 함께 웃어야 한다."라고 말했다. 그녀는 직물이 인간의 몸을 자연스럽게 감싸면서 내면의 관능미를 발산시키게 하는 바이어스 재단법을 만든 디자이너였다. 서구 패션의 역사에서 인간의 몸은 옷에서 제대로 해방된 적이 없다. 중세 말 재단기술이 발명된 이후로 인간은 옷에다 몸을 맞추어야 하는 형벌을 받아야 했다. 그 형벌로부터 인간의 몸을 해방시키고 옷과 인간의 표정을 하나로 묶어낸 이가 바로 비요네다.

서점의 패션 코너에 가면 셀 수 없이 많은 패션 스타일링 책을 볼 수 있다. 셀러브리티나 전문가들의 패션 노하우를 소개하는 책에서부터 각종 패션 아이템을 뒤섞고 결합해서 몸에 걸치는 방법을 알려주는 책까지 종류도 다양하다. 하지만 누군가 내게

"어떻게 하면 옷을 세련되게 잘 입을 수 있나요?"라고 묻는다면, 나는 이렇게 대답하겠다. "관찰하세요!"라고. 다시 말해 타인의 옷차림을 제대로 관찰한 후에 나만의 스타일링을 시도해야 한다는 얘기다. 관찰은 본질적으로 전체적 양상을 파악하는 단계다. 따라서 그저 옷 자체의 형태나 색상, 질감만이 아닌, 옷을 입은 후의 모양이나 상태, 즉 얼굴의 표정에서 제스처에 이르는 미세한 행동 하나하나까지도 살펴봐야 한다. 관찰에 들인 시간과 그 깊이에 따라서 우리의 옷 입기는 긍정적인 방향으로 나아간다. 디자이너들은 이러한 관찰을 공감이라 부른다. 삶의 순간순간 속에서 사람들의 욕망과 행동을 관찰하는 행위는 그 자체로 자신의 메시지를 전달하는 준비과정이 된다. 좋은 디자인은 인간의 마음과 행동을 꿰뚫어보는 관찰력에서 비롯되기 때문이다. 다른 사람들이 보고 느끼고 행동하는 것에 대한 이해 없이 이루어지는 디자인은 의미 없는 작업에 불과하다. 즉, 공감은 디자인의 필수 요소다.

1835년 스코틀랜드 출신의 작가이자 역사가인 토머스 칼라일은 《의상철학Sartor Resartus》이라는 책에서 교회와 신앙을 의상에 비유했다. 그에게 교회는 여러 세대에 걸쳐 자신의 원리를 구현하고 표현한 '옷'과 같은 것이었다. 즉, 교회는 종교가 전달하고자 하는 신성한 세계의 이념을 감각적으로 느끼게 해주는 옷과 같은 역할을 한다는 것이다. 그는 또 이 책에서 "모든 지혜의 시작은 의복을 자세히, 안경을 쓰고라도 그것이 투명해질 때까지 자세히 들여다보는 것이다. 인간이 걸친 의상을 뚫고 그 속의 인간 본연의 모습을 들여다볼 수 있는 사람은 행복하다."고 말했다. 19세기 타성에 젖은 영국의 종교문화를 비판한, 그는 종교가 도덕성과 새로운 성스러움을 가질 수 있도록 만들어야 한다며 이 책을 썼다. 종교를 갱신하기 위해 교회라는 의상을 새롭게 '재단'하자고 주장한 것이다. 그의 말에는 이 책이 전하고자 하는 모든 메시지가 담겨있다.

패션은 인간을 재단해서 새로운 존재로 만들 수 있다. 우리 안에 세상을 보는 눈과 아름다움의 기준을 넓혀주고, 욕망을 충족시켜줌과 동시에 더 나아가 우리를 둘러싼 세상을 새로운 관점에서 바라볼 수 있는 플랫폼이 되어준다.

패션이라는 개념이 처음 생겨난 건 르네상스 시대다. 당시 예술의 역사가 다 빈치, 미켈란젤로와 같은 천재들의 활약으로 부흥기에 접어들었던 것처럼, 복식사의 부흥기 역시 르네상스 시대에 열렸다. 왜 르네상스 시대에 패션이라는 개념이 등장한 걸까? 르네상스 이전의 중세시대는 '신' 중심의 시대였다. 천 년이라는 오랜 기간 동안 이어진 중세는 신 중심의 세계관이 지배했던 사회로 복종이 미덕이었고, 욕망과 감정을 표현하는 것은 금기였다. 이런 암흑의 중세시대를 지나 14~16세기 서유럽에서 '다시 태어나다rebirth'라는 뜻의 혁신운동인 르네상스가 대두하게 되었다. 인간 중심의 르네상스 시대가 되어서야 비로소 인간은 그 본연의 존재 가치를 발견하게 되었고, 얼마 지나지 않아 '개성'이라는 개념을 창조시켰다. 이를 표현하기 위한 수단으로 패션이 발달하게 된 것이다. 그렇다면 패션이라는 개념이 생겨난 그때부터 지금까지 '패셔너블한 개인'을 만드는 것은 무엇일까? 그것은 바로 옷 자체가 갖고 있는 힘이 아닌, 옷을 입는 스타일을 통해 자신의 개성과 장점, 감정 등을 얼마나 잘 표현할 수 있느냐에 달려있다.

나는 능동적으로 옷을 선택하고 자신을 꾸미는 행위야말로 자기 배려의 시작이라고 생각한다. 자기 배려는 자신을 돌보는 행위로 스스로에게 몰두하는 행위다. 자기 배려의 목적이 자기 탐색과 이해에 있듯, 패션도 그렇다. 패션은 단순히 옷을 잘 입는 기술이 아니라, 자기self를 만들고 배려하는 삶의 기술이다. 자기 배려는 고대 그리스와 로마의 정치인 및 철학자들의 삶에 대한 성찰과도 맞닿아있다. "너 자신을 알라."라는 말로 대표되는 그 시대의 철학사를 살펴보면 '자기 배려'의 중요성이 특히 많이 강조되는데, 에피쿠로스학파가 대표적이다. 인생의 목적을 '행복'이라고 보는 에피쿠로스학파는 이를 위해 자신의 욕망을 정확하게 꿰뚫어보고 자기 배려를 해야 한다고 했다. 여기서 자기 배려란 자신에게 관심을 두고, 전념하며, 자신을 연마하는 문제다. 즉, 자기 내면을 성찰하고 영혼을 갈고닦아 지혜로운 사람이 되는 과정이라고 해석할 수 있다.

패션은 인간에게 신체를 통해 시대의 미감美感을 표현하는 방법을 가르쳐왔다. 이 과정에서 인간은 자기를 응시할 수 있게 되었다. 이는 그저 자기 자신에게 푹 빠져 사는 자기중심주의나 자기도취와 같은 이기주의가 아니다. 나와 마주하며 내 모습을 정확하게 알아가고, 이를 통해 자존감을 높이는 행위다. 자신을 향하도록 타인의 시선을 전환하는 과정을 통해 자기와 자기, 자기와 타인, 그리고 자기와 세계 사이를 연결하는 방법을 몸으로 익혀갈 수 있다. 그런 의미에서 패션은 사회라는 시험대에 자신을 반복적으로 내놓는 훈련인 셈이다. 하루하루의 옷 입기가 바로 그렇다. 여기서 잊지 맞아야 할 것은, 옷을 입는 일이 행복한 행위여야 한다는 사실이다.

심플함이야말로 궁극의 정교함이다!

feat. 헨리 워즈워스 롱펠로우

"성품에서, 태도에서, 스타일에서, 그리고 모든 것에서,
최상의 탁월함은 간결함이다."

〈인생찬가A Psalm of Life〉라는 시로 우리에게도 잘 알려진
미국의 시인 롱펠로우는 시뿐만 아니라 번역에도
뛰어난 재능을 갖고 있었다. 그는 미국 최초로
단테의 《신곡》을 영어로 옮긴 번역가이기도 했다.
이해하기 쉽고 소박한 교훈이 담긴 글로 대중의 많은 사랑을
받은 문장가였던 롱펠로우는 최상의 탁월함은 간결함이라고
정의한 바 있다. 쉽고 간결한 언어로 이루어진 그의 시는

문맹자들에게 깊은 감동을 주었지만,
그 당시 여성들의 옷은 그의 시만큼 단순하지 못했다.
19세기 여성들은 가는 허리를 강조하기 위해 코르셋과
여러 겹의 페티코트를 입었는데,
그 무게만도 6킬로그램 정도였다.
옷의 여밈이 뒤에 있고 단추도 많이 달려있는 탓에,
여성들은 혼자서 옷을 입고 벗는 게 불가능했다.
더구나 난로나 촛불 곁에 서있다가 불이 옮겨 붙으면
피할 길이 없었다. 지금으로써는 상상도 할 수 없지만 그 때는
마차바퀴에 스커트가 끼이고, 불이 붙고, 바람에 날아가는 등
여성들의 옷과 관련된 각종 사건 사고가 끊이지 않았다고 한다.
꽉 조이는 코르셋과 거추장스러운 드레스에서
여성들을 해방시킨 디자이너는 바로 샤넬이다.
그녀는 '단순하고 편한 것이 화려한 장식보다 더 아름답다' 는
철학을 바탕으로 패션의 혁명을 몰고 온 옷을 탄생시켰다.

백화점을 지나다 우연히 모 해외 패션 브랜드의 카피를 봤다. 'Elegance is attitude(우아함은 태도다)'라는 문구였다. 일반적으로 사람들은 '우아하다'란 형용사를 '기품 있다' 혹은 '아름답다'라는 뜻으로 쓴다. 그런데 우아함이 태도라니, 여기엔 무슨 뜻이 담겨있는 걸까?

엘레강스란 단순히 우아함을 뜻하는 말이 아니다. 엘레강스란 단어의 라틴어원은 '엘리제레eligere'다. 이것은 맵시나 기품 있는 상태를 뜻한다기보다는 '심혈을 기울여 선택하다'라는 뜻을 갖고 있다고 보는 게 맞다. 살아가면서 의사결정을 해야 할 때, 군더더기는 다 버리고 핵심만을 가져가겠다는 의지의 표명인 것이다. 이는 동사적 삶의 또 다른 표현이다. 엘레강스한 삶을 살기 위해 우리는 무엇을 해야 할까? 엘레강스한 삶은 값비싼 명품이나 브랜드를 걸치는 일 이상의 것을 요구한다. 삶을 구성하는 소소한 것들부터 신중하게 선택하며 채워나가야 하는 것이다. 누구와 점심을 먹을 것인지, 만약 집에 누구를 초대했다면 어떻게 대접할 것인지와 같은 문제들도 모두 여기에 포함된다. 이 모든 것이 스타일이고, 우아한 삶을 결정짓는 요소다.

18세기는 패션의 시대였다. 루이 14세 이후로 그에게 구두와 옷을 만들어 제공하던 장인들은 독립매장을 내고 자신의 이름을 이용해 대중에게 제품을 팔았다. 이때부터 오늘날의 패션산업에 비견할 만한 제조 및 판매형태가 자리 잡기 시작했으며, 비로소 여성의 패션 소비가 남성의 소비수준을 넘어섰다. 패션의 완성이라 여겨지던 헤어스타일링도 귀족 여성들로부터 인기 있던 소수의 미용사들에 의해 장악되어 그들이 제시하는 스타일이 곧 트렌드가 되었다. 여성들은 몇 안 되는 이런 미용사들을 독점하기 위해 납치나 감금과 같은 극단적인 방식을 쓰기도 했다. 어디 이뿐인가? 〈메르퀴르 갈랑Le Mercure Galant〉 같은 패션 잡지들이 발간되면서 최신 패션 트렌드와 다양한 상품들을 소개하여 귀족 여성들을 패션 소비의 장으로 이끌었다. 바로 이 시점에서 놀라운 일이 벌어진다. 18세기 프랑스의 궁정에서 우아함이 새로운 차원으로 사용되기 시작한 것이다.

궁정에서 왕의 총애를 얻기 위해 경합하는 이들은, 서로를 향해 "Je ne sais quoi(뭐라 말할 수는 없지만 멋지다)."라는 말을 자주 썼다. 이 말은 '딱 꼬집어 말할 수는 없지만, 당신에겐 다른 사람에게 없는 섬세한 차이가 있다.'란 뜻이었다. 궁정이란 한정된 공간에서, 유행하는 의상을 입고 비슷한 메이크업을 한 이들 사이에는 외양상의 변별성이 없었다. 유행하는 패션과 헤어스타일, 메이크업은 궁중의 모든 여성들에게 열려있었다. 바로 이 시기에 언어의 정확성, 발걸음의 우아함, 교양의 수준 같이 작은 내적 자질들이 인간을 구별하는 지표로서 등장하게 된 것은 필연이었다. 이때부터 우아함은 '태도의 과학'이라는 자리를 차지하게 된다. 미세한 뉘앙스, 무심하게 차별화를 주는 패션 스타일링 전략은 오늘날의 프렌치 시크를 탄생시킨 원동력이라고 할 수 있다.

19세기 초반 프랑스의 문호 발자크는 패션 잡지 〈라 모드La Mode〉의 청탁을 받아 '우아하게 사는 법'이란 에세이를 연재했다. 발자크가 활동하던 1830년대 프랑스 사회는 부르주아와 전문직 종사자들이 신생계급으로 떠오르고 있었다. 그들은 전통적 귀족들과 차별화된 옷차림과 라이프스타일을 개발하여 사회에서의 입지를 다지려고 노력했다. 이런 사회 전반에서의 열망은 각종 패션 스타일링 관련 매뉴얼의 발간으로 이어졌다. 이때부터 장갑을 우아하게 끼는 법, 넥타이 매는 법, 남자들이 나들이할 때 반드시 지녀야 하는 소품 등과 같은 식의 글들이 신문에 실리기 시작했다. 발자크 역시 '우아하게 사는 법'에서 옷차림의 보편적 원칙을 설명해놓았는데, 이 글은 지금 봐도 현대의 패션교본을 읽는 것 같은 신선한 느낌을 준다. 가령 이런 구절이다.

"만약 지나가는 사람이 당신을 주의 깊게 본다면 그것은 당신이 옷을 멋지게 입어서가 아니다. 너무 부자연스럽게 입었거나, 지나치게 멋을 부린 것이다."

발자크가 '우아하게 사는 법'에서 말한 우아한 삶의 조건은 아름답고 좋은 것을 고르게 정의할 수 있는 감각을 소유하는 것에서 출발한다. 끊임없는 연습을 통해 말과 생각, 사람의 감성을 헤아릴 수 있는 섬세한 직감이 습관처럼 몸에 배야 한다는 것이다. 때문에 그는 '아름답고 좋은 것'을 골라내기 위해서는 사회변화와 인간에 대한 정확한 이해가 필수적이라고 믿었다. 옷차림은 결국 사회적 산물이며 옷차림에 무관심한 것은 도덕적으로 자살한 것과 같다는 극언을 퍼붓기도 했다. 우아함이란 기술이라기보다 느낌에 가깝지만, 이조차도 본능과 습관의 결과물이라고 믿은 그는 끊임없는 연습을 통해서 질서와 조화에 대한 눈을 키워야 한다고 말한다. 발자크가 말한 우아함에 관한 어록을 읽다 보면 코코 샤넬의 "우아함은 거절이다."라든가 크리스티앙 디오르의 "우아함이란 자연스럽고 소박하게 남과의 차별을 이뤄내는 것, 이것을 벗어난 우아함은 없다. 기껏해야 허세일 뿐."이라는 말을 자연스레 떠올리게 된다. 마치 서로의 말을 베낀 것처럼 의미도 비슷하다. 그만큼 옷차림에 대한 보편적인 원칙이 분명 존재하며, 그것이 우아함의 핵심이란 뜻일 것이다.

멋을 내는 문제는 항상 몸에 유약을 바르듯 자신의 모든 것을 두드러지게 보이고 싶은 욕망과의 싸움이다. 그러니 샤넬의 "우아함은 거절이다."라는 말은 인간의 핵심을 찌르는 말인 셈이다. 우아함이란 사치스러운 덧셈의 미학이 아닌, 거절과 절제에 기반한 뺄셈의 미학이다. 더할 것이 없는 상태가 아니라 더 뺄 것이 없는 상태, 즉 절제된 힘의 사용에서 시작된다.

옷차림이 단순해지기 위해서는 알아야 할 것들이 더 많아진다. 옷에서 불필요한 장식이 사라지면 비례, 라인, 맞음새 같은 미묘한 요소들이 두드러져 보인다. 예를 들어, 목선과 쇄골을 어떻게 연결할지와 같이, 내 몸의 긍정적인 부분과 부정적인 부분을 찾아내야 하고 전체의 조화를 더 깊이 생각해야 한다.

우아함이란 행여 도움이 될까 오랜 시간 전전긍긍하며 쟁여둔 정신적 가치와 사물을 과감하게 버릴 수 있는 용기다. 철저한 비움을 통해 정신의 골격만을 남기는 태도. 그것이 엘레강스다. 결국 우아함이란 그저 외양 묘사에 사용되는 형용사가 아니라, 내적 자질이자 자신의 삶을 아름답고 좋은 것들로만 채워 넣겠다는 고상한 생각이다. 우아한 삶을 살고 싶은가? 그렇다면 거절할 수 있는 용기를 키우고 심혈을 기울여 선택하라!

수사학의 대가 키케로 가라사대

feat. 필립 체스터필드

18세기 영국의 정치가이자 문필가인 필립 체스터필드는
유럽을 여행하며 공부 중이던 열여섯 난 아들에게
'인생을 어떻게 살아가야 하는가'에 대한 글을
편지로 써서 보냈다.
그의 서간 모음집 《아들에게 보내는 편지》는
오늘날 자기계발서의 효시와 같다.
우정, 사랑, 사업, 교제, 정치, 경제, 사회, 품위 등
모든 분야를 아우르는 인생론이 담긴 이 책은
오랜 경험에서 우러나온 지혜의 결정체이자,
아들을 향한 아버지의 사랑의 메시지이기도 하다.

체스터필드는 파리를 방문하는 아들이
유행에 뒤떨어졌다는 말을 들을까봐
당시 파리에서 유행하는 구두장식용 다이아몬드 버클을
특급우편으로 보낼 만큼 극성스런 아버지였지만,
멋에 관한 그의 조언은
오늘을 살아가는 우리에게도 매우 유용하다.

"멋진 옷들이란 일반적으로 유행하는 옷들이지.
다만 멋지다는 것 이상으로
그 옷들은 잘 만들어져야 하고,
쉽게 입을 수 있어야 한다.
왜냐하면 인간은 좋은 코트를 걸쳤다는 이유로
품위가 있다는 평을 듣는 게 아니기 때문이다.
옷에 대해 존경을 보여주어야 하고,
평범한 옷을 입듯 수월하게 옷을 소화해내야
품위가 있다는 말을 듣게 된다."

우리는 타인의 옷차림에 대해 '과하다'란 표현을 쓸 때가 있다. 모임을 앞두고 미장원에 가서 머리도 하고, 옷장에서 정성껏 옷을 고른 뒤 심혈을 기울여 액세서리까지 선별했건만, '과하다'란 평가를 들으면 정말 힘이 빠진다. 옷차림에서 '과함'이 아닌 '어울림'을 만들어내기란 생각처럼 쉽지 않다. 이 '어울림'이란 문제에 대해 고대의 철학자들부터 현대의 패션 디자이너에 이르는 많은 이들이 고민을 해왔다.

로마공화정의 정치인이자 웅변가이며 철학자였던 키케로는 '연설가론'에서 이상적 연설가의 모습을 통해 '어울림'의 철학을 설명했다. 그의 글에는 패션 스타일링을 위한 좋은 가르침들이 녹아있는데, 가령 "완벽한 연설가가 되려면 어떤 주제가 주어지든 주제의 내용에 따라 연설 형식을 어울리게 조절할 줄 아는 능력을 가져야 한다."는 말이 그렇다. 패션 스타일링도 결국은 타인에게 말을 건네는 의사소통 행위고, 옷차림을 통해 타인을 설득하는 수사학이기에 훌륭한 연설가의 조건은 곧 멋쟁이의 조건이기도 하다. 연설을 통해 감동과 재미를 주고 설득을 해야 하듯, 패션도 이 세 가지 목적을 성취해야 한다.

키케로가 말하는 '어울림'에 해당하는 라틴어가 '데코룸decorum' 이다. 이는 그리스어 'prepon'을 번역한 말로, '어떤 목적에 알맞으면서도 아름다운 것'이란 뜻이다. 키케로에게 어울림이란 대중을 향해 연설을 할 때 그 내용과 표현, 사안은 연설을 듣는 이들에게 맞추어 알맞게 조율해야 한다는 의미였다. 결국 말을 전달하는 목소리의 높낮이, 단어의 연결 구성, 문장의 호흡 등을 미리 정해놓은 기준대로 말하고, 불필요한 단어를 남발하지 않도록 해야 한다는 것이 그의 주장이다. 그는 연설가에게 필요한 핵심 역량을 다섯 가지로 정리했는데, 발견, 배치, 표현, 연기, 기억이 그것이다. 발견은 사람들의 마음을 어떻게 움직일 것인가에 대한 방법을 찾아내는 것이다. 배치는 연설의 목적에 따라 이야기의 배열 방식이나 우선순위를 달리하는 것이다. 표현은 명확하고 간결해야 하며, 신뢰를 줄 수 있어야 한다. 연기는 연설의 사안에 따라 적정한 목소리, 몸짓, 표정을 짓는 것이다. 마지막으로 기억은 듣는 사람들의 마음에 어떠한 인상을 남길 것이냐는 점이다. 키케로는 바로 이 다섯 가지 요소를 연설가에게 필요한 힘이라고 불렀고, 설득력은 바로 이런 능력에서 나올 수 있다고 했다.

수사학에 관한 키케로의 이런 원칙은 나아가 옷을 조화롭게 입는 방법에도 많은 영감을 준다. 패션도 연설과 마찬가지로 먼저 누구를 만나 어떤 효과를 얻어야 하는지 그 목적을 발견해야 한다. 또 옷의 패턴, 무늬, 색상, 소재를 따져보고 적절하게 배치해야 한다. 조화를 고려하지 않으면 '튀기'만 할 뿐, 효과는 반감되기 때문이다. 그 다음으로 머리부터 발끝까지 옷의 실루엣과 직물이 피부에 닿는 느낌, 직물과 직물이 서로 맞닿을 때 내는 미세한 소리까지 옷이 가진 다양한 표현에 신경 써야 한다. 여기에 마지막으로 착장의 방점을 찍기 위해 사용하는 액세서리에 이르기까지, 철저하게 재고 따져보아야 한다.

키케로는 화장한 여인의 모습을 예로 들어 "어울리게 화장을 한 여인이 치장을 전혀 안 했다고 말할 수는 없다. 엄밀하게 말해 좋은 연설은 비록 화장을 전혀 안 했다 할지라도 대중에게 즐거움을 준다. 분가루와 빛나게, 그리고 붉게 만들어주는 모든 것은 제거될 것이고, 오로지 우아함과 청아함만이 남을 것이다."라고 말한다.

꾸미기와 말하기에 철저한 어울림이 필요한 것처럼 옷차림에도 절제가 있어야 한다. 거기에 더해 옷과 내 몸에 대한 존중이 있어야 한다. 품위는 이 세 가지의 결합을 통해 얻을 수 있다. 그리고 그것을 얻는 자만이 우아하고 청아한 느낌으로 상대의 마음에 오래도록 기억될 것이다.

미감의 원리
xxxxxxxxxxxxxx

시크란 그런 게 아닙니다만…

feat. 카린 로이펠트

"나는 옷을 만들지 않는다.
하지만 어떻게 하면 그것들이
생명력을 얻는지 알고 있다."

파리판 〈보그VOGUE〉의 전 편집장이었던 카린 로이펠트는
프렌치 시크를 대표하는 아이콘으로 손꼽힌다.
열일곱 살 때부터 모델로 활동했고,
프랑스판 〈엘르ELLE〉의 스타일리스트 겸 작가로 일했던 그녀는
이후 구찌, 이브 생 로랑, 베르사체 등

유명 패션 브랜드의 컨설턴트로도 활약했다.
최근에는 글로벌 패션 브랜드 유니클로와의 협업으로
프렌치 컬래버레이션 컬렉션을 선보여
한국에서도 많은 사랑을 받았다.
사람들은 왜 그녀의 스타일에 열광하며,
프렌치 시크를 찬양할까?
지난 몇 년간 패션계뿐만 아니라
방송이나 언론, 일상에서도 '시크하다'는 표현은
자주 언급되고 남발되었지만,
정작 사람들은 이 말에
심도 깊은 역사적 의미가 담겨있다는 사실을 알지 못한다.
시크란 단어가 시크sick가 되어버린 작금의 현실 앞에
나는 변호사가 법정에서 피고인을 변호하듯,
'시크'를 옹호하며 세간의 편견으로부터
누명을 벗기려 한다.

시크chic는 한 인간의 옷차림이 빚어낼 수 있는 세련미와 맵시를 뜻하는 단어이지만 유독 우리나라에서는 이 단어가 많은 혼란을 야기한다. 미디어와 각종 산업에서는 새로운 상품이나 트렌드가 등장하기만 하면 '시크하다'란 말을 분별없이 갖다 붙인다. 텔레비전에서 홈쇼핑 채널이나 패션 관련 채널을 보다 보면 시크란 단어가 시간당 몇 번씩은 나오는 것만 봐도 알 수 있다. 주로 '세련되고 맵시 있는' 이란 뜻과 더불어 일상적으로는 '차갑다', '도도하다'라는 뉘앙스로 자주 쓰이는데, 뭔가 다른 분위기, 묘하게 끌리는 매력을 지칭하기에 더없이 좋은 단어이기는 하다. 하지만 안타깝게도 이 단어는 대한민국에서 정도가 지나치게 소비되면서 그 본래의 뜻을 잃어가고 있다. 어떤 사회적 과정을 겪으며 만들어진 단어인지에 대한 이해는 건너뛴 채, 그저 '핫'하다는 이유로 마구 소환된다. 비단 우리나라만 그런 건 아닌 것 같다. 뉴질랜드 출신의 사전편찬가 에릭 패트리지가 '시크'라는 단어를 '프랑스에선 그렇게 사용되지 않는'이란 뜻의 속어로 사전에 등재한 걸 보면 말이다. 정작 프랑스 사람들은 '시크'에 무덤덤한데 다른 나라에서는 왜 유독 이 단어를 두고 '설레발'을 치는 걸까.

시크의 어원은 18세기 독일어 'schick'에서 시작되었다고 보는 관점이 있다. 독일어 schick의 뜻은 '추스르다, 정리하다'라는 의미다. 여기에서 의미가 확장되면서 '스타일을 만드는 기술'이란 뜻으로 사전에 등재된 것이 1856년이다. 이후 영단어 'chic'로 전해져 보편화되었고 패션 분야에서 '세련되고 멋있다'라는 의미로 사용되기 시작했다.

또 한편으로는 18세기에 불어 '시칸chicane'에서 유래했다는 주장도 있다. 이 단어는 법정용어로 '소송, 시비'를 뜻한다. 법정에서 원고는 재판에서 이기기 위해 갖은 기술을 사용하고, 피고가 넘어오도록 논리의 덫을 친다. 이때 피고는 원고의 계책을 꿰뚫어보고 이에 미리 대비해야만 한다. 여기에서 시크란 단어가 '위기를 미리 간파할 수 있는 통찰력'이란 뜻으로 발전했다.

오늘날 사용되는 시크의 뜻은 '신경을 쓰지 않은 듯 보이는 멋'이다. 영어로는 'effortless chic'라 표현한다. 우리는 시크를 얘기할 때 항상 이 수식어를 붙여 말한다. '무심한 듯 시크하게.' 이 '무심한 듯 시크하게'란 표현의 의미를 '삶의 기술'로 사용했던 사람이 있다. 르네상스 시대 궁정 문인이자 외교관이었던 발다사레 카스틸리오네였다. 그는 《궁정인Il Cortegiano》이란 책에서 우르비노라는 가상의 궁정에서 나흘간 벌어진 일들에 관한 이야기를 통해 참된 궁정인으로 거듭나기 위한 행동지침을 소개한다. 1528년에 출간된 이 책은 이후 18세기 말까지 유럽 각국의 언어로 번역되어 마키아벨리의 《군주론Il Principe》에 맞먹는 문화적 영향력을 발휘했다.

《궁정인》의 무대에는 권력의 중심인 군주가 있고, 그 아래 궁정인들이 있다. 이 궁정인들은 군주의 호의를 끌어내기 위해 갖은 경쟁을 벌인다. 이는 마치 오늘날의 관료조직, 혹은 대기업과 다르지 않다. 이 속에서 군주에겐 호의를, 경쟁자들에겐 합의를 이끌어낼 수 있는 생존기술은 무엇이었을까? 카스틸리오네는 다음과 같은 두 가지 기술을 소개한다. 바로 궁정인이 피해야 할 행동인 '아페타치오네affettazione'와 반드시 성취해야 할 행동인 '스프레차투라sprezzatura'이다. 아페타치오네는 자신의 자질과 능력을 타인들에게 보여주려는 과도한 열망, 바로 허세와 과시욕이다. 반면 스프레차투라는 그와는 정반대다. 자신이 타인들에게 보여주는 말과 행동이 노력에 의해서가 아닌 저절로 이뤄진 것 같은 느낌을 준다. 즉, 타인에게 자신에 관한 좋은 인상을 심되, 과도한 허세를 피하며 스스로를 드러내는 '중용의 미덕'을 실천하는 것이다. 이 스프레차투라는 르네상스 시대 이탈리아인이 높이 샀던 미덕이자 오늘날까지 이어지고 있는 이탈리아 문화의 뿌리다. 원래 스프레차투라란 단어에는 '경멸하다', '거만하게 굴다'란 뜻이 담겨있었는데, 르네상스 시대를 거치면서 '어렵고 힘든 일을 노련하고 쉽게 해내는 방식'을 지칭하게 되었다. 일례로 패션화보 속 모델들의 표정이 하나같이 도도하고 거만해 보이는 건 스프레차투라의 원래 뜻을 잘 살린 거라고 할 수 있다. '무심한 듯 보이지만 세심하게, 유유자적한 듯하지만 능숙하게'가 바로 스프레차투라가 함축하고 있는 진정한 의미다. 피 튀기는 경쟁으로 가득한 궁정에서 자신을 보호하는 동시에 자신을 드러내는 기술, 스프레차투라는 단순한 속임수가 아닌 자기창조의 기술이라고 할 수 있다. 카스틸리오네는 궁정인들이 지켜야 할 예의범절과 행동규범을 상세하게 규정하면서 스프레차투라의 중요성을 다음과 같이 설명한다.

"궁정인은 언제든 태연하게 행동할 수 있도록 연습함으로써, 예술적 기교를 감추고 말과 행동이 꾸며냈다거나 공들여 만든 것이라는 인상을 주지 말아야 한다. 힘들게 일을 행하고 그것에 계속 신경을 쓰는 모습은 우아함과 기품이 없어 보이며, 결국 타인에게 무시당하는 결과를 낳게 된다."

위에서 우리가 주목해야 할 단어가 있다. 바로 '연습'이다. 카스틸리오네는 궁정인들에게 말과 행동이 '자연스럽게 흘러나오는 것처럼' 보일 때까지 지속적으로 연습을 해야 한다고 주장했다. 우리가 옷을 입는 과정도 이와 다르지 않다. 옷을 잘 입기 위해서는 내 몸에 맞는 옷의 선과 맞음새와 색깔을 찾는 연구와 이해뿐만 아니라, 지속적인 리허설 역시 필요하다. 이런 훈련이 차곡차곡 쌓일 때 결국 스프레차투라도 가능해진다.

발레리나는 동일한 동작을 '완벽'에 도달할 때까지 지속적으로 연습한다. 무대에서 연기하는 발레리나를 볼 때 '중력의 힘으로부터 자유로운 듯한' 인간을 보는 것 같은 환상에 빠지는 것은, 바로 스프레차투라의 힘이다. 무심한 듯 시크한 우리의 멋도 동일한 원리로밖에는 구현되지 않는다. 프렌치 시크를 대표하는 아이콘이자 파리 〈보그〉의 편집장으로 최고의 비주얼을 만들어낸 카린 로이펠트의 말에도 이 스프레차투라의 원리가 숨어있다.

"사람들은 한 장의 화보 속에 얼마나 많은 작업이 숨어있는지 모른다. 무심하게 힐끗 바라보는 패션 화보에는 수많은 사람들의 땀과 노력이 녹아있다. 화보 제작은 발레 작품을 무대에 올리는 것과 다르지 않다. 발레리나들이 무대에 서기까지는 오랜 시간의 연습이 필요하다. 그러나 무대에 올라선 순간, 그들은 오로지 춤을 추는 기쁨만을 전할 뿐. 무대에 서기까지 겪어야 했을 인고의 과정은 생략된다."

뭘 입어도 태가 나는 옷맵시의 비밀

feat. 루이즈 네벨슨

"옷을 잘 입는다는 건
값비싼 옷과 '상황에 맞는 적절한' 옷을
많이 소유한 것과는 관계가 없다.
반드시 그 옷들은 당신에게 잘 맞아야 한다.
난 당신이 누더기를 걸쳐도 상관하지 않는다."

루이즈 네벨슨은 미국의 대표적인 여성 조각가다.
예순 살의 나이에 조각가의 삶을 시작한 그녀는
집안 곳곳에서 볼 수 있는 나무토막, 낡은 상자,

버려진 일상용품 등을 이용해 미술작품을 만들어냈다.
그녀의 작품들이 갖고 있는 특징은
물체가 본래 사용 목적에서 벗어나
새로운 방식으로 조화로움을 창조했다는 것이다.
이것을 패션에 적용해보면,
아무리 낡고 오래된 옷이라도 스타일링만 잘하면
새롭게 조화를 이룰 수 있다는 걸 보여준다.
여기에 더해,
명품의류를 많이 갖고 있다고 해서
옷을 잘 입는 것도 아니고,
때와 장소, 경우에 맞춰 입는 것만도
최선이 아니라는 걸 깨닫게 해준다.
진짜 옷을 잘 입는 것은 몸에 맞게 입는 것이다.
따라서 멋쟁이가 되고 싶다면 동네에 있는 실력 좋은
의류수선 가게부터 반드시 알아둘 일이다.

"오늘 옷태 좀 난다."란 말은 언제 들어도 기분이 좋다. 똑같은 옷을 입어도 누군가에게는 "와! 이 옷은 어디서 샀어?"라는 반응이 오고, 또 누군가에게는 "이런 옷을 어디서 샀어?"라는 빈정거림이 돌아온다. 이 둘은 한 끗 차이에 울고 웃는다.

우리말 옷매, 옷매무새는 사전적 의미로 '옷을 입은 모양새'란 뜻이다. 또 옷을 어울리게 잘 입은 차림을 뜻하는 말로 '옷맵시'란 말도 있다. 하지만 많은 이들이 옷맵시 대신에 사전에도 없는 단어인 '옷태'라는 말을 쓰기도 한다. 맵시를 뜻하는 태態라는 한자는 마음 심心 자에 능력 능能 자가 결합된 단어다. 말 그대로 마음이 막힘없이 수월한 상태, 바로 자신감에 관련한다. 맵시란 곧 자신감에서 나온다는 뜻이리라.

사람들은 맵시 나는 옷차림을 위해 각종 패션 사이트에 들러 멋쟁이들의 옷차림을 연구한다. 나 역시도 사교계의 여왕으로 일컬어지는 패션 아이콘 올리비아 팔레르모의 사이트에 접속해 그녀가 옷을 소화하는 방식을 면밀히 검토하곤 한다. 그녀처럼 뭘 입어도 옷맵시가 나려면 어떤 노력을 해야 할까? 먼저 옷맵시의 구성요소를 이해할 필요가 있다. 옷의 모양새를 결정하는 것은 핏fit, 바로 맞음새다. 이 맞음새는 옷이 3차원인 인체에 얼마나 잘 맞는가를 말해주는 지표다. 그런데 의외로 사람들은 선호하는 색상이나 소재, 스타일을 맞음새보다 더 중요하게 여긴다. 사고 싶은 옷을 발견했을 때, 자신의 실제 치수보다 한 치수 큰 옷 앞에서는 "이번 시즌엔 좀 크게 나왔어요."라는 점원의 말에 속아서 사고, 한 치수 작은 옷 앞에서는 '헬스 다녀서 살 뺀 후 입어야지.'라는 꿈에 부풀어 산다.

하지만 옷이 제대로 맞지 않으면 아무리 소재와 디자인, 바느질이 좋더라도 소용없다. 옷을 입었을 때 자기 몸에 잘 맞는지 안맞는지를 알아보는 팁은 다음과 같다. 재단기술에는 핏을 평가하는 다섯 가지 기준이 있다. 신체의 중심선과 직물의 올의 방향이 평행을 이루는지, 주름이 생기지 않고 몸에 잘 맞는지, 신체의 자연스러운 선과 옷의 구조적인 선의 배열이 조화를 잘 이루는지, 옷을 앞과 뒤, 옆에서 봤을 때 대칭을 이루는지, 옷의 여유분은 어느 정도인지를 살펴야 한다. 옷을 입었을 때 양어깨에 사선으로 주름이 생기거나, 겨드랑이에 가로주름이 생기면 이는 옷이 몸에 맞지 않는다는 신호다. 어깨 품이 너무 크거나 작을 때 대개 이런 문제가 나타난다.

패션에서 최고급 맞춤복을 '오트쿠튀르Haute Couture'라고 부른다. '최고급의 바느질'이란 뜻이다. 고객 체형을 따라 실루엣을 만드는 맞음새 작업은 오트쿠튀르의 본령이다. 다시 말해, 옷의 맞음새는 인간의 신체에 바치는 예찬이다. 힙라인, 팔과 손목으로 이어지는 라인, 심지어는 돌기된 여성의 유두 높이까지 고려해 옷의 품과 맵시를 창조하기 때문이다. 바느질을 통한 완벽한 의상의 구현이 이 작업의 첫 번째 조건이다. 옷의 솔기 선을 따라 정성스레 그리고 바지런히 바늘을 움직이고, 구슬과 레이스를 달고, 자수를 놓는다. 직물에는 그것을 스치는 손으로부터 정성의 아우라가 깃든다. 이러한 오트쿠튀르 옷 한 벌을 만드는 데는 보통 4주에서 7주 정도가 걸린다.

패션의 역사에서 핏, 즉 맞음새가 스타일링의 요소로 등장하게 된 것은 19세기 후반이다. 당시 사람들은 이전 시대 귀족들의 과시적 낭비에 대해 강한 미적 반감을 품었다. 그러다 디자인의 정확성과 기능의 효율성을 강조하는 실용적인 의상제작 방식이 인정받기 시작하면서 자수를 놓는 데만 6개월이 걸리는 등 옷의 겉모습만을 화려하게 장식하는 이전 시대와는 결별하게 되었다. 특히 20세기 들어 실용주의와 더불어 '작은 것이 아름답다'는 생태학에 기초한 미학이 큰 반향을 일으키면서 큰 것에서 작은 것으로, 그리고 맞음새, 신뢰성, 기능성 같은 가치가 중심인 사회로의 전환이 이뤄졌다. 옷은 정신의 견고한 외피여야 한다는 생각이 패션계 곳곳에까지 퍼지며, 옷 자체의 구조성으로 눈을 돌린 것이다. 우리에게는 대한항공 유니폼 디자이너로 잘 알려진 지안 프랑코 페레는 '패션계의 건축가'라는 별명만큼이나 단순하고 구조적인 디자인으로 유명했다. 그는 패션을 '인체 위에 집을 짓는 것'이라고 정의했는데, 이는 패션이 지닌 구조적 미학을 잘 보여주는 말이다.

옷은 내 몸에 잘 맞아야 그 아름다움이 드러난다. 아름다움은 옷의 맞음새가 구현하는 맵시에서 나온다. 샤넬 슈트가 아무리 멋있어도, 안나 수이의 화려한 프린트 드레스가 아무리 눈길을 끌어도 내 몸에 맞지 않으면 아무런 소용이 없다. 결국 피팅이란 것은 내 몸에 편하게 맞고 체형이 가진 결점을 감추어줄 수 있을 때 완성된다. 이를 위해 무엇보다도 자신의 체형을 정확하게 알아야 한다.

사실 신체를 사이즈별로 정확하게 분류한다는 것은 매우 어려운 작업이다. 여기에는 다양한 이유가 있지만 그중의 하나는 의류 제조업체들이 생각하는 옷맵시와 철학이 저마다 다르기 때문이다. 그도 그럴 수밖에. 리바이스 청바지의 맞음새와 세븐진스의 맞음새가 다르듯이, 같은 옷을 만들더라도 각 브랜드별로 상정해놓은 고객층의 미적 기준이나 취향은 엄연히 다르다. 게다가 신체 사이즈를 단 하나로 표준화한다는 것은 불가능하므로 업체별로 다를 수밖에 없고, 그래서 사이즈가 브랜드별로 각각 따로 노는 것이다.

그런데 웬일인지 구매한 옷의 사이즈가 잘 맞지 않아도 사람들은 자기 몸에 맞추어 옷을 고치는 일을 꺼려한다. 사이즈에 대한 맹신 때문인지 사람들은 사이즈보다 자신의 몸이 먼저임을 생각하지 않는 것 같다. 즉, 옷에 문제가 있다기보다 내 몸매에 문제가 있다고 생각하는 것 같다는 말이다. 다시 말하지만 절대로 그렇게 생각하면 안 된다. 1960년대의 대표 아이콘이자 미니스커트의 창시자인 메리 퀀트도 이런 말을 남겼지 않은가. "패셔너블한 여성은 옷을 자신에게 맞추지, 옷에 자신을 맞추지 않는다."

옷을 내 몸에 맞도록 맵시 있게 조율하는 것은 당신이 미적인 감성과 센스, 판단력이 있음을 입증하는 일이다. 그러려면 나 자신에 대한 객관적인 평가가 선행되어야 한다. 내 피부의 톤, 내 몸매의 형태, 체형에 대한 객관적인 이해를 바탕으로 다리품을 팔아서라도 내게 가장 적절하게 맞는 옷을 찾아내야 한다. 이렇게 맞음새를 찾는 일은 자신의 스타일을 찾는 첫 번째 작업이다. 덧붙여 한 가지 더 생각해볼 점은 핏이란 그저 옷의 맞음새를 표현하는 데서 끝나지 않는다는 것이다. 경영에서는 흔히 조직 내부의 자원을 둘러싼 부서들이 원활하게 소통하고 응집력이 좋을 때, 조직간 적합도fit가 높다고 표현한다. 옷을 구성하는 원칙이 조직을 구성하는 그것과 닮아있듯이, 이것은 나아가 사회를 구성하는 원칙과도 맞닿아있다.

안타깝게도 우리 사회는 너무 밀착된 옷을 입고 있는 듯하다. 다들 여유분 없이 빡빡하게 살고 있으니까 말이다. 여유란 다른 것이 아니다. 자기 생각을 표현하는 데 있어 거리낌 없이 자유롭고, 나와 다른 의견들, 더 나아가 사회적 약자까지도 기꺼이 껴안는 것이다. 그래야 핏이 살아있는 멋스러운 사회가 된다. 그런 여유가 있는 사회라면 사람들이 세상을 향해 핏대 올리는 일이 지금보다도 훨씬 줄어들지 않을까?

시니어 시크
xxxxxxxxxxxxxx

나이 들수록 멋지게 사는 법

feat. 매리 매카시

할머니의 외로움엔 화려함이 뒤섞여있었다.
옷장과 화장대는 그녀의 고립감을 강조라도 하듯,
더욱 화려해졌다.
노인들이 젊어 보이려 안달하는 건 어디서든 보는 일이건만,
유독 내 할머니의 경우는 기괴하고 슬펐다.
마치 고집스레 퍼레이드를 펼쳐 보이겠다며
한껏 차려입은 은둔자 같아서였다.

미국의 작가이자 평론가인 매리 매카시가 쓴

《가톨릭 학교에서 보낸 소녀시절》에는 고아였던 자신을
길러준 외할머니에 대한 단상이 나온다.
매카시는 화려한 꽃무늬를 비롯해 반짝거리는 옷을
무척이나 좋아했던 외할머니에 대해
나이와는 맞지 않는 옷차림을 좋아했다며 지적했는데,
이 대목에서 나는 왠지 모를 씁쓸함을 느낀다.
적어도 이 글은 희생과 인내, 정숙을 이상적인
여성상으로 삼던 1950년대에 나온 회고록이라
이해한다고 쳐도, 현재 노년 여성의 옷차림과
꾸밈에 대한 인식이 그때나 지금이나
별반 차이가 없는 까닭은 왜일까?

나이 드신 분들은 종종 이런 말씀을 하신다. "내 나이에 무슨 그렇게 화려한 색을 입어?"라고. 그러면 나는 그분들께 이렇게 말씀드린다. 멋진 시니어이기에, 세상의 다양한 색을 입을 자격이 있는 것 아니냐고 말이다.

나는 강의를 통해 만나는 수많은 할머니, 할아버지들에게 옷을 멋지게 입고 다니라고 때아니게 잔소리를 하는 강사다. 자식들을 키우고 가정을 건사하느라 스스로를 돌보지 못했던 그분들께 그동안 입어보지 못했던 것들, 즉 멋진 색과 스타일, 실루엣의 옷들을 입어보라고 진심 어린 조언을 해드린다. 우리 안에 '아름답고 싶은' 욕망을 인정하고 우리 자신을 바라보는 시간을 가지자고 말이다.

우리 사회가 시니어 계층을 바라보는 시선이 난 항상 안쓰럽다. 누구보다 열심히 살았지만 누군가로부터 대접을 받는 일도, 스스로를 대접하는 일도 익숙지 않다. 모든 삶의 경험을 다하고, 버텨오고, 인내해온 그들, 그 내면에 차있는 생각과 무늬와 방식을 지금이라도 세상을 향해 찬연하게 선보여야 하는데, 세상은 온통 그들을 '늙다리' 취급만 한다. 어딜 가도 동안 외모나 젊음에 대한 찬양만이 판칠 뿐, 쇠잔한 몸과 나이 들어가는 삶에 대한 깊이 있는 생각들이 사회 속 깊숙이 뿌리 내리질 못했다. 아마도 노인을 둘러싼 다양한 편견들이 자리하기 때문이리라.

노년의 스타일을 보장받지 못하는 사회는 폭력적인 사회다. 노년의 스타일은 특권이다. 나는 패션이야말로 우리가 갖고 있는 '노년의 정의를 새롭게 해줄 수 있다'고 믿는 쪽이다. 옷은 한 인간이 평생 살아온 삶을 이야기하는 도구다. 이때 삶이라는 이야기를 떠받치는 건 인간의 몸이다. 그중에서도 세상의 다양한 색과 경험의 주름을 온몸에 각인시킨 사람들인 시니어들의 패션은 그래서 아름다울 수밖에 없다.

인간의 정체성은 생물학적 조건이 아닌, 사회 속에서 구체화된다. 청년기와 노년기는 특히 사회적 가치관 속에 관념이 깊숙이 자리 잡고 있는 시기다. 문제는 그 관념이 편파적이란 점이다. 즉, 젊고 건강한 육체는 우상화하고 늙은 육체는 부정한다. 하지만 정반대로 보이는 청년기와 노년기도 결국은 서로 연결되어있다. 노년이란 평생 겪은 일과 생각, 감정을 하나로 묶을 수 있는 시간이자 온 삶의 의미를 추출해낼 수 있는 귀결점이다. 바로 이것이 노년을 긍정적으로 해석해야 하는 이유다.

20세기 중반 프랑스의 실존주의 소설가이자 사상가인 시몬 드 보부아르는 자신의 저서 《노년Coming of Age》에서 "노년이 될수록 인간은 자기 자신을 인식하기를 거부한다."며 황혼기의 슬픔을 표현한다. 이 책에서 보부아르는 노인의 의미와 지위가 한 사회 속에서 집단적인 필요와 이해관계에 의해 '구성되었다'는 것을 지적하며, 그럴수록 노년을 직시할 용기를 가져야 한다며 우리를 다독인다.

"늙는다는 것은 한순간에 끝나는 죽음보다 훨씬 두려운 것이다. 하지만 죽음의 순간까지도 늙음을 만나지 않을 수 있다. 그것은 죽는 날까지 욕망을 버리지 않는 것이다."

로마의 철학자 키케로는 "노년에는 스스로 싸우고, 권리를 지키며, 누구든 의지하려 하지 않고, 마지막 숨을 거두기까지 스스로를 통제하려 할 때만 존중받을 것이다."라며 당시 노령화 문제로 고민을 앓던 로마인들을 향해 일침을 가했다. 영국의 역사학자 팻 테인Pat Thane은 《노년의 역사》에서 고대는 물론이고 중세와 근대 모두 노인이 누린 존경과 권위는 노령에 의해 자동적으로 보장되는 것이 아닌 개개인의 능력과 지속적인 성취를 통해서만 획득되고 유지되었다고 말한다. 그에 따르면 근대화 이전의 유럽 전통사회에서 노인은 결코 수동적이거나 의존적인 존재가 아니었다. 누구보다 능동적이고 활동성이 충만한 존재로 가정과 사회에서 나름의 기능과 역할을 수행했다. 이 관점에서 보면 노인과 노년의 삶에 대한 지금의 통념과 고정관념이 얼마나 많은 문제점과 오류가 있는지 미루어 알 수 있다.

노령화 사회의 대두와 함께 노인의 존재와 노년의 삶은 우리 시대 중요한 화두가 되고 있다. 이제 우리에게도 노년이란 생의 마지막 주기에 대한 새로운 깨달음, 제대로 된 시각이 필요하다. 중요한 것은 그것에 대한 단순한 이해로 끝나는 게 아니라 나아가 우리 자신에 대한 이해, 내 몸에 대한 애정, 스스로를 가꾸고 관리하는 노력을 바탕으로 세월 곁에서 자연스레 나이 들어가는 과정을 배우는 것이다.

노년이란 결국 '종합의 시간'이다. 우리는 젊은 날 수없이 흔들리면서 우리 자신의 상image과 정체성을 구성하는 요소들을 선별해가며 스스로를 만들어간다. 자기 자신을 읽고 이해하며 새롭게 조형하기 위해 우리는 '분석analysis'이란 틀에 매인다. 분석이란 그리스어로 풀어보면 '뿌리를 향해 근접해가며 존재의 가장 깊은 구성요소들을 식별해서 이야기로 풀어내는 것'이다. 노년기가 되면 바로 이런 분석이 한데 모아지고 합해지며, 새로운 의미를 만들기 위한 성찰의 시간이 주어진다. 다시 말해 노년기는 무언가를 포기하고 내려놓는 시기가 아니라, 이미 우리 안에 들어차 있고 켜켜이 응고되어있던 기억과 경험, 지식의 내용들을 재조립하는 시간이다. 이때 무엇보다 중요한 것은 위축되지 않고 당당하게 스스로의 존엄을 지키기 위해 노력하는 것이다. 패션은 그런 노년의 삶을 적극적으로 설계해주고 스타일링 해준다. 시니어들도 패션 리더가 돼야 하는 이유는 바로 여기에 있다.

세월을 관통하는 미감을 지녀야

feat. 제니 조셉

할머니가 되면 난 자주색 옷을 입고, 빨간색 모자도 쓸 거야.
맞지도 않고, 어울리지도 않겠지만.
연금으로 브랜디, 여름 장갑, 새틴 샌들을 살 거야.
그러고선 버터 살 돈이 없다고 말하겠어.

영국의 여류작가 제니 조셉이 쓴 〈경고Warning〉라는 시의
한 구절이다. 1961년에 쓰인 이 시는 1996년 영국 국영방송국
BBC에서 실시한 투표에서 '전후 세대의 가장 유명한 시'로
뽑힐 만큼 많은 사랑을 받았다.

노년을 준비하는 기대감을 패션으로 표현한 이 시가
세대를 초월한 공감을 사게 된 데는 이유가 있다.
두 차례에 걸쳐 세계대전이 일어나는 동안, 영국 사람들은
국가의 배급제에 의존해 살았다. 대부분의 사람들이
물자부족으로 지독한 결핍을 경험해야 했는데,
의복에 장식을 위한 디테일을 달지 못하게 하는 규제령이
내려져서 남자의 경우 바짓단을 접어 올리는 것조차
금지되었다. 사람들에겐 의류를 교환할 수 있는 쿠폰이
지급되었지만, 그것으로는 1년에 코트 한 벌 정도밖에
살 수 없었다. 사람들은 아껴 쓰고 나눠 쓰고 바꿔 쓰고
다시 쓰는 생활에 익숙해져야 했다. 그나마 패션 감각이 좋은
여성들은 여러 벌의 낡은 옷을 모아 자르고 붙이고 기워
'조각 드레스'를 만들어 입기도 했다.
제니 조셉 또한 이 결핍의 시대를 온몸으로 살아낸 작가였다.
노년기가 되면 지난날 제대로 누리지 못했던 삶을 누리겠다는
그의 적극적인 의지는 독자들에게 많은 공감을 얻었고,
빨간 모자와 보라색 옷을 입은 중년여성모임
'Red Hat Society'라는 국제적인 여성단체까지 탄생시켰다.

한국의 65세 이상의 노인인구 점유율은 11퍼센트다. 한국 사회의 고령화 속도는 가파르다. 2018년에는 노인 인구비율이 14.3퍼센트로 본격적인 고령사회에 진입하며, 2026년에는 초고령사회가 될 것이다. 또 2040년에는 65세 이상 인구가 32.2퍼센트까지 늘어나 국민 세 명 중 한 명은 '노인'이 된다. 고령화 문제는 전 세계적인 화두다. 세계보건기구는 2050년에는 60세 이상 인구가 현재 8억 4,100만 명에서 20억 명으로 크게 늘 것이라고 전망한다.

사회 내 인구 구성의 변화는 노년에 대한 정의에도 변화를 불러일으킨다. 오스트리아 국제응용시스템분석연구소는 평균 수명이 의학의 발전과 식습관 변화, 생활습관 변화, 교육의 증가를 통해 연장될 것이므로, 앞으로는 60대를 노년이 아닌 중년으로 새롭게 정의해야 한다고 주장한다.

평균 수명의 증가에 따른 노인 인구의 수가 늘어남에 따라 사회적 고민도 커진다. 노인층의 증가는 노년의 라이프스타일과 욕구가 다양해진다는 뜻이며, 그만큼 섬세하게 그들의 욕구를 채울 전략을 세워야 한다는 뜻이기도 하다. 인구 구성비율이 변화함에 따라 새롭게 부상하는 시니어 계층을 지칭하는 신조어도 속속 등장했다. 자식들에게 의존하며 살아가던 전통적 개념의 노인상을 거부하고 자신의 인생을 추구하려는 신세대 노년층을 통크족(TONK:

two only, no kids)으로, 전래의 희생적인 어머니상을 버리고 자신의 삶에 투자하는 중년여성을 루비족(RUBY: refresh, uncommon, beautiful, young)이라고 부르는 등 여러 가지 신조어가 생겼다.

요즘 내가 한국 사회에서 주의 깊게 읽어내려는 패션 코드 역시 '노년'이다. 최근 들어 노년층을 위한 패션 강의도 많이 하고 있다. 나이 듦에 대한 고민과 함께 시니어 시크senior chic라는 한 영역에 지속적인 관심을 갖고 있기 때문이다. '50+'라 불리는 계층, 말 그대로 50대 이상의 중장년층의 패션은 여러 모로 흥미로운 지점들이 많다. 고도성장을 주도하고 대량 소비사회를 이끈 이들 베이비부머 세대는 기존의 수동적인 실버 소비자들과는 많은 부분에서 차이를 빚어낸다. 다양한 삶의 경험과 사회적 성숙을 이룬 이들은 노년 세대의 스타일, 즉 시니어 시크에 대한 열망이 크다. 그레이마켓gray maket은 안정된 경제력과 세련되고 합리화된 라이프스타일을 갖춘 이들을 등에 업고 점점 더 성장하는 추세다.

이미 2000년대 중반부터 패션계에는 변화의 조짐이 불었다. 젊음을 찬양하고 젊은 계층을 위한 다양한 제품군을 내놓는 일에만 혈안이었던 패션계가 세대에 상관없이 모든 연령대의 여성들이 입을 수 있는 스타일ageless style을 선보이기 시작한 것이다. 국내 패션 브랜드 중에는 '연령 경계를 넘어'를 테마로 시니어 계층을 위해 특화된 디자인과 소재의 옷을 선보이는 곳도 생겼다. 이처럼 패션계는 시니어 시장을 염두에 두고 기존의 소비자를 구획하는 틀을 바꾸고 있지만, 그럼에도 불구하고 노년층을 위한 패션 시장은 여전히 국소적이고 캠페인 수준에 머물러있다. 물론 기업의 측면에서도 어려움은 있다. 백화점을 예로 들어보자. 기업이 유통업체에 제안해서 시니어들을 위한 상품을 진열하는 층을 따로 만든다고 한다면, 우리는 언뜻 많은 시니어들이 이 층에서 자신들이 '대접을 받고 있다'는 생각을 하며 물건을 살 것이라 생각한다. 천만의 말씀이다. 그들은 나이가 들었다는 것에는 수긍하지만, 자신이 늙었다는 느낌을 받거나 소외되는 상황을 결코 좋아하진 않는다.

패션계는 시니어에 대한 제대로 된 이해와 함께 세월에 따른 이들의 신체의 변화에 주목하고 이를 포용할 수 있는 옷을 만들어야 한다. 특히 출산과 양육, 오랜 가사노동에 시달린 중장년 여성은 남성보다 더욱 큰 변화의 감도를 겪는다. 일명 나잇살이 붙고, 신장은 줄고, 허리는 굽는다. 하지만 패션계는 어떻게 하면 옷을 더 많이 팔 수 있을까 하며 마케팅에만 열을 올릴 뿐 소비자들의 이런 미묘한 신체 변화에 관해서는 거의 고려하지 않는다. 기성복 구매 후 만족도를 조사한 한 연구에 따르면, 50대 후반 여성의 43퍼센트가 실루엣과 소재, 디자인에 불만족을 표시했다. 자신들의 몸을 위한 맞음새가 없었던 것이다. 이는 기존의 기성복들이 체형변화가 거의 없는 젊은 층의 실루엣과 비율에 토대해 만들어졌기 때문이다. 그러고 보면 중장년 여성은 사회의 한 구성원으로 분명 소비할 수 있는 능력과 욕망을 갖고 있으나, 그들의 니즈를 충족시킬 만한 상품을 제공받지 못해온 계층이라는 생각이 든다. 영국의 백화점 체인 데븐햄즈가 나이 든 여성들을 대상으로 'Forgotten Woman(잊혀진 여인들)'이란 이름의 캠페인을 진행한 것도 이와 비슷한 맥락일 테다. 이제는 상품기획자들이 시니어들을 만나, 적극적으로 그들의 내밀한 속내와 숨은 욕망을 듣는 일이 중요해졌다. 이런 친밀한 만남을 통해야만 노년을 위한 스타일링의 밑그림을 그리고, 실제적인 의류생산을 위한 아이디어를 얻을 수 있기 때문이다.

패션은 노년이란 이미지를 긍정으로 받아들이고 '당당한 노화'를 실현시키는 데 도움을 준다. 패션이 고령화 사회에 혁신의 힘을 발휘하려면 디자인뿐만 아니라 매체의 협력도 필요하다. 패션잡지들이 노년층을 표지모델로 세우는 것이 대표적인 예다. 시니어 모델들이 각종 매스컴에 등장할수록 노년의 이미지에 대한 긍정적 효과를 만들어낼 수 있다. 고령의 나이에도 당당한 자태를 뽐내며 연륜으로 중무장한 이들의 모습은 대중에게 깊은 울림과 감동을 선사하기 때문이다.

올해 86세의 모델 카르멘 델로피체는 하얗게 변해버린 흰 머리와 군데군데 새겨진 주름까지도 자신만의 매력으로 살리며 현재까지도 활발하게 활동 중이다. 70세가 훌쩍 넘은 나이에도 패션

잡지의 크리에이티브 디렉터로 일하다가 지금은 은퇴한 그레이스 코딩턴은 편집장이었던 안나 윈투어와 함께 오늘날 미국판 〈보그〉를 굴지의 잡지사로 성장시켜 그 위상을 드높이는 데 한몫을 했다. 전설의 스타일리스트이자 최고의 패션 이야기꾼으로 정평이 났던 그녀가 만든 화보에는 트렌드 대신 스토리가 담겨 있었다. 델로피체와 코딩턴, 이들이 보여주는 시니어 시크가 좋은 이유는 특정한 트렌드에 구속되지 않는 '세월을 관통하는' 미감으로 사람들에게 아름다움의 본질을 말해줄 수 있어서다.

시니어 시크란 그저 노년의 패션 스타일링을 칭하는 말이 아니다. 시크란 결국 인간이 자신의 삶의 질을 향상시키기 위한 노력이다. 즉, '시크하다'는 말이 어울리는 사람은 생활 속에 자신의 정체성과 선별된 취향이 녹아있는 사람이다. 세대와 나이를 초월해 모두가 공감하고 소통할 수 있을 때 시니어 시크는 만들어진다. 다행스럽게도 노년은 하나의 유형만 있는 것이 아님을 증명하는 이들이 점점 늘고 있다. 패션은 반드시 그들의 용기를 안아주어야 한다. 자신의 삶을 통해 증언하고, 자신에 대한 사랑을 바탕으로 옷차림의 역사를 새로이 써내려가고픈 이들을 위해 제니 조셉의 시 마지막 구절을 들려주고 싶다.

"이제 난 조금씩 연습해봐야 하지 않을까? 갑자기 늙어 자주색 옷을 입기 시작했을 때, 나를 아는 사람들이 기절초풍하지 않도록."

스타일은 입는 게 아니라 짓는 거다

feat. 에드나 울먼 체이스

"패션은 구매하는 것이지만,
스타일은 소유하는 것이다!"

에드나 울먼 체이스는 패션잡지 〈보그〉에서
말단직원으로 우편수발업무를 보다가 편집장 자리에까지 오른
입지전적 인물이다. 그녀는 미국 패션이 독자적인 길을
걸을 수 있도록 초석을 쌓은 인물이기도 하다.
2차 세계대전 이전까지만 해도 미국 패션은
파리 패션의 아류로 취급받으며 파리의 영향에서

벗어나지 못했는데, 전쟁이 발발하면서 독일이 파리를
점령하자 파리 패션은 더 이상 미국으로 전파되지 못했다.
이때 체이스는 미국 내 최초의 패션쇼를 열고
스포츠웨어를 특징으로 한 미국만의 독자적 패션 스타일을
구축하는 데 일조했다. 그녀는 "돈만 있으면 누구나 살 수 있는
패션이 아닌 스타일을 소유해야 한다."는
패션계의 불멸의 명언을 남기기도 했는데,
여기서 한 가지 흥미로운 점은 '소유하다'라고 번역되는
'possess'에는 '어떤 존재가 될 수 있는 잠재력'이라는
또 다른 뜻도 있다는 것이다.
결국 스타일이란 내가 꿈꾸는 존재가 될 수 있게끔
해주는 힘이지 않을까.
사람은 누구나 스타일에 의존해서 살아간다고 해도
과언이 아니다. '의존하다'라는 뜻의 한자 '의依'가
사람人이 옷衣에 기대어 살아가는 모습을 형상화한 것처럼
인간은 자신의 존재를 드러내기 위해 내면과 외양을
가꾸고 만들어나간다. 당신은 지금 어떤 존재가 되고 싶다는
꿈을 꾸며 당신을 스타일링해나가는가?

요즘은 텔레비전만 켜면 지상파에 케이블에 홈쇼핑까지 방송마다 패션 스타일리스트들이 출연하는 모습을 종종 볼 수 있다. 이들은 보통 유명 연예인의 스타일을 디렉팅하면서 이름을 알린 사람들로, 방송에서는 주로 제품의 코디법과 상황에 따른 다양한 스타일링 팁을 보여준다. 이들의 조언은 패션 테러리스트들이나 상황 무감각증에 걸린 많은 이들에게 도움을 준다. 이를 테면 패션 센스가 부족한 사람이나 특정 연출이 필요한 상황과 맥락, 분위기를 전혀 읽지 못하는 이들에겐 스타일리스트들의 '표준화된' 매뉴얼이 좋은 치료법이 되어줄 수 있다. 하지만 이와 더불어 '표준화'의 한계도 있다. 스타일리스트들의 조언이 하나같이 서로 다른 몸을 가진 우리 모두에게 딱 맞아 떨어질 수는 없기 때문이다.

스타일이란 단어에는 이중적인 의미가 담겨있다. 누군가에 대해 "스타일이 있다."라는 말을 할 경우, 여기엔 긍정적인 의미가 내포되어있다. 반면 방송에 나온 가수가 춤을 출 때, 그 춤을 가리켜 "박진영 스타일이네."라고 평가할 때는 그것이 실재의 것에 미치지 못한다는 부정적인 의미가 함축되어있다. 한마디로 누군가를 따라하는 건 '아류'가 될 뿐이다. 어디 춤만의 문제겠는가? 사람들은 요리, 글쓰기, 심지어는 텔레비전 뉴스에 나오는 앵커

우먼이 기사를 읽는 호흡과 말투까지 따라 하기를 좋아한다. 패션계에도 SPA브랜드가 디자이너 제품의 디자인을 베끼는 일이 비일비재하다.

스타일이 이중적인 의미를 띠어서일까. 스타일이란 말을 매일 입에 붙이고 살아도 정작 그것을 구체적으로 설명하려면 애를 먹는다. 그래서인지 스타일리스트들이 "자신만의 스타일을 가지세요."라는 식의 말을 할 때마다 저들이 말하는 스타일의 개념과 그 원리는 뭘까, 따지고 싶을 때가 많다. 옥스퍼드 영어사전을 찾아보니 스타일style이란 단어에는 무려 28개의 뜻이 달려있다. 이렇게 복잡하고 다양한 의미를 가진 단어라니. 그러니 "당신만의 스타일을 가져야 해요."라는 말을 들을 때마다 나는 기겁할 수밖에.

나는 사람들에게 옷을 잘 입으려면 우선 '관찰'을 잘해야 한다고 말한다. 즉, 스타일링의 시작은 따라 하고 싶은 역할모델의 패션 스타일을 모방하는 데 있다고 말한다. 이때 모방은 단순히 따라 하는 것을 의미하는 게 아니다. 타인의 매력을 구성하는 요소들을 관찰하고 분석해서 내 관점에 따라 다시 풀어내야 한다. 이러한 분석과 종합은 창의성의 근원이자, '고유한 나'를 창조해가는 힘이다. 패션 스타일링의 테크닉인 믹스 앤 매치mix & match는 분석과 종합의 또 다른 이름이다. 다양한 종류의 옷을 내 몸에 맞게 섞고 조화시켜보는 것. 이 과정에서 내 몸을 제대로 이해하고 약점을 포용하는 법을 배우게 되며, 타인의 몸과 옷이 어우러져 만들어내는 매혹을 내 몸에 맞게 조화시키는 법도 배울 수 있다. 옷을 입는 일은 이 믹스 앤 매치란 단어와 평생을 싸우는 과정이다.

고대의 사람들은 왁스를 바른 서판에 글을 써서 의사소통을 했다. 이때 사용하는 철필을 '스틸루스stilus'라고 불렀는데, 여기에서 스타일이란 단어가 나왔다. 이 시절 스타일이란 단어는 타인을 설득하는 기술, 수사학과 연결되는 말이었다. 스타일이 작가 개인의 창조성과 연결되기 시작한 것은 르네상스 때부터다. 당시 사람들은 문필가와 화가들의 예술작품 속에 녹아있는 스타일을 분석해내려고 애를 썼다. 그들은 스타일을 통해 개인의 정체성을 읽어낼 수 있고, 따라서 작가의 정신과 기질, 취향이 스타일에 고스란히 녹아있다고 믿었다. 그 시대를 살던 사람들에게 스타일은 곧 자아의식을 가진 존재임을 확증하는 수단이었다. 이런 경향은 오늘날까지도 유효하다.

패션 디자이너 이브 생 로랑은 "유행은 사라지지만 스타일은 영원하다."라고 말했다. 이 말에는 스타일이란 장기적으로 지속되어야 하는 것이란 뜻이 담겨있다. 부침이 심한 패션산업과 달리, 스타일은 오랜 시간의 흐름 속에서도 살아남는 '자질'의 문제임을 지적한 것이다. 한편 코코 샤넬은 "대체 불가능한 인간이 되고 싶다면 반드시 남과 달라야 한다."라는 말을 남겼다. 여기에서 '달라야 한다'라는 말은 곧 기능적으로 남들보다 낫거나 우위에 있다는 걸 뜻하는 게 아니라, 환원 불가능한 스타일을 가진 인간이어야 한다는 뜻이다.

그렇다면 개인이 자신만의 스타일을 갖기 위해 갖추어야 하는
것은 무엇일까? 영국의 미학자 리처드 볼하임Richard Wolheim의
이야기를 들어보자. 그는 음악, 건축, 패션, 미술 등에서 자주 사
용되는 '미니멀리즘'이란 개념을 대중화시킨 인물로, 오랫동안
미술계의 거장들의 작품을 연구하며 스타일 분석에 생을 바친
철학자다. 그는 그림을 예로 들어 스타일 있는 작품을 남기고자
한다면, "자신의 관심사에 형식과 질서를 부여하라."고 말한다.
그 다음으로 캔버스에 '무엇을 표현할지', '무엇에 관한 내용을
다룰지'를 반드시 숙지하라고 강조한다. 마지막으로 그는 스타
일이란 기존의 관례와 지시를 따르기보다 자신이 발견한 아름다
움의 방식을 스스로 내면화할 때 만들어진다고 이야기한다. 옷
을 통해 자신을 표현하고 스타일을 만들어가는 일도 이와 마찬
가지다. 옷은 하나의 선을 갖고 있고, 패션은 인간의 몸에 그 선
을 더해 그림을 그린다. 다시 말해 옷 입기란 누구를 만나 무엇
을 할지, 그 만남의 상황과 맥락을 자신만의 관점으로 재해석하
는 일이다. 스타일은 내가 생각하는 '아름다움의 기준'을 지속적
으로 삶에 적용하면서 그 속에서 나를 만들어가는 창조적인 작
업이다. 그렇다. 스타일은 '짓는' 것이다. 밥을 짓고 집을 짓듯,
스타일 역시 우리 삶을 짓는 기본요소다.

2부

매일매일

옷 입기의 인문학

개성의 탄생

ﾟｏﾟｏﾟｏﾟｏﾟｏﾟｏﾟｏﾟｏﾟｏﾟｏ

사람들은 언제부터 '나'를 표현하기 시작했을까?

feat. 페르낭 브로델

"모든 진보의 원천은
복식, 구두, 헤어스타일과 같은 사소한 것에서
스스로를 부단히 표현하려는 결단에 있다."

프랑스의 역사학자 페르낭 브로델은
'의상은 욕망과 탐닉의 대상인 동시에
사회정치적 영향을 받는 것'이라고 강조했다.
그는 패션을 그저 '하찮은' 것이라고 간주하지 않았다.
의복의 색과 소재가 변화하는 과정과 형태에

마음을 쓸 정도로 섬세한 사회야말로
'새로움'을 추구할 수 있는 패셔너블한 사회라고 보았다.
즉, 내부에 언제나 뜨거운 변화의 열정과
가능성을 가진 사회의 지표로
패션을 지목한 것이다.

2016년 봄, 디자인의 최첨단을 기록하고자 떠난 유럽으로의 여정은 생각지 않게 케케묵은 고딕 성당과 수도원, 개신교회의 순례가 뒤섞인 '영성' 여행이 되어버렸다. 여정의 첫 코스는 독일 튀링겐 주의 작은 도시, 아이제나흐였다. 예전 동독과 서독의 구분선이었던 이 도시는 서양사의 한 획을 그은 인물과 관련을 맺고 있다. 바로 종교개혁가 마르틴 루터다.

1517년 10월 31일 마르틴 루터는 로마 가톨릭의 면죄부 판매에 대한 부당성을 지적하는 등의 95개조 반박문을 비텐베르크 대학 성교회 문에 못 박았다. 반박문은 큰 파문을 일으켜 종교개혁의 발단으로 이어졌고, 이후 교황으로부터 파문당한 루터는 아이제나흐의 바르트부르크의 성에서 기사복을 입고 숨어 지냈다. 이곳에서 루터는 교황과 사제들이 독점했던 라틴어 성경을 독일어로 번역했다. 놀라운 것은 고작 11주 만에 신약 성경을 모두 번역했다는 것이다. 루터는 성경책을 누구나 쉽게 읽을 수 있도록 평민의 언어로 만들어 보급했고, 만인이 사제라고 주장했다. 신과 개인이 '일대일'로 만날 수 있다는 생각은 그 여파가 컸다. 루터의 종교개혁은 단순히 교회 내의 개혁운동에 머물지 않고, 16세기 유럽의 정치·사회·문화를 뒤흔든 혁신운동이 되었다. 근대세계를 '근대적'으로 만드는 것 중 하나는 '자아의식'의 발전이다. 중앙집권국가 체제와 새로운 자본주의 질서, 거기에 더해 종교개혁은 사람들에게 자아의 길을 열어주었다. 사회사의 거장인 존 해럴드 플럼John Harold Plumb은 "역사학자들이 씨름해야 하는 가장 큰 문제는 혁명의 실패나 제국의 쇠퇴가 아니라, 사상idea이 사회적 태도가 되는 과정이다."라고 말했다. 개인적으로 그의 말은 내게 큰 울림을 주었다. 나 역시 그렇게 생각한다. 그중에서도 마르틴 루터만큼 한 개인의 사상과 생각이 향후 본격적으로 전개될 르네상스의 사회적 태도를 만들어내는 데 공헌한 이는 없다고 본다.

르네상스를 맞이하면서 패션 또한 이전 시대와 비교할 수 없을 정도로 급격한 변화와 성장을 맞이했다. 신대륙의 발견으로 금과 은 등 각종 귀금속이 유럽으로 유입되면서 상업과 도시가 성장했고, 무역활동의 신장에 따른 부유한 상인계층이 늘어나면서 더불어 패션도 발달했다. 신흥 상류층이 된 상인계층은 외부에 자신들의 부를 과시하기 위해 다양한 복식 디자인을 계발했다. 그러나 이것만으로 패션을 통해 하나뿐인 나를 '표현'하려는 인간의 욕구를 설명하기는 부족하다. 개인과 개인이 만나고, 그 속에서 서로를 향해 자신을 표현하며 상대의 평가와 해석을 민감하게 받아들이는 사회적 태도가 형성되기까지는 루터의 영향이 지대했다. 신 앞에 모두 평등하다는 가치의 발견은 르네상스 시대를 여는 중요한 열쇠였다. 신과 일대일로 만날 수 있다는 생각은, 자기 주변의 사물과 사건을 평가하고 해석하는 태도에도 영향을 미쳤다. 즉, 내 앞에 있는 사물을 있는 그대로 받아들이기보다 '내게 어떤 느낌으로 다가오는지'를 더 중요시하게 된 것이다. 예전 같으면 사람들이 그저 신의 뜻이라고 치부하고 말았을 것을, 그들의 정형화된 생각 속에 루터의 사상이 바이러스처럼 번지면서 어떤 사물이나 현상에 대해 자신의 의견이나 느낌, 감정이 더 소중해지기 시작했다. 바로 '표현하는 인간'이 등장한 순간이다.

이때부터 사람들은 '나'라는 한 개인의 표현과 자기 생각을 중요하게 여겼다. 종교개혁을 통해 사람들은 더 이상 전통의 틀에 묶여 살기를 거부하고, 자기의 확신과 생각에 따라 행동했다. 자기 인식, 자기 통제, 자기 분석 이 세 가지는 신앙의 바탕이 되는 요소였다. 또한 이 세 가지는 인간이 자신의 외양을 꾸미고, 그것이 타인에게 어떤 느낌으로 비춰질지 정교하게 계산하면서 패션 스타일링에 열을 올리는 데도 영향을 미쳤다.

표현과 더불어 이 시기 인간의 역사에는 '표정expression'이란 개념이 등장한다. 섬세한 감정을 표현하는 미세한 얼굴 표정, 몸의 표정이랄 수 있는 제스처gesture가 사람을 평가하는 기준이 되기 시작하면서 메이크업을 비롯해 헤어스타일링, 복장이 사람의 인상을 관리하는 3종 세트로 자리 잡는다.

르네상스 시대, 사람들은 광장을 거닐며 서로의 옷을 평가하고,

좋은 디자인을 발견하면 그것을 따라했다. 14세기에 접어들면서 스타일의 모방 속도는 매우 빨라졌다. 사람들은 '낡은 스타일'이라는 이유로 옷을 버리기 시작했으며, 16세기에 이르러서는 '유행'하지 않는 옷을 입는 것은 열등함의 표시라고 생각했다. 또 유럽 각국의 왕실들은 결혼을 통해 문화적으로 교류하면서 각 나라에서 유행하는 패션을 받아들였고 이는 결과적으로 패션의 국제화를 가져다주었다. 이처럼 한 벌의 옷만큼, 르네상스 시대의 뜨겁게 변화하는 사회의 속도와 깊이를 잘 반영해주는 것도 없다.

변화하는 패션 스타일의 체계는 중상 자본주의와 도시생활의 등장과 더불어 일어난 하나의 사회적 사건이었다. 옷을 입고 걸치는 일은 인간에게 세계에 관한 새로운 인식과 각 개인의 개성이나 지위를 가장 빠르게 공표하는 기능을 부여해주었다. 바야흐로 스타일의 시대가 시작된 것이다. 이런 패션 현상을 가능케 한 이념적 기반은 바로 마르틴 루터가 일으킨 종교개혁이었다. 엄밀하게 말하자면 루터의 종교개혁은 개인의 중요성을 처음으로 세상에 알리며 인류가 사고하고 표현하는 방식을 발전시켰다. 사물의 재현을 거부하며, 묘사에서 표현으로 그 주제를 바꾼 근대미술 역시 종교개혁의 영향을 받았다고 할 수 있다. 한마디로 종교개혁은 현대미술과 패션 현상을 잉태한 자궁이었다.

손석희와 박노해가 베스트 드레서인 이유

feat. 에이브러햄 링컨

"성품은 나무와 같고, 명성이란 그 나무의 그늘과 같은 것이다.
그늘은 그저 우리가 생각하는 바일 뿐, 나무가 진정 본질이다."

우리가 유명인을 사랑하는 마음은 대중을 포섭하는
그들의 매력과 성품을
내 것으로 소유하고 싶은 마음에서 시작된다.
유명인이 입은 옷과 라이프스타일을 추종하는 이유는
이러한 모방행위를 통해 그들의 능력이
내 것으로 전이되기를 소망하기 때문이다.

하지만 이런 일은 현실에서 결코 이루어지지 않는다.
그들의 명성은 미디어가 일시적으로 만들어낸
그늘과 같은 것이다.
즉, 우리에게 반복적으로 심어놓는
그들의 이미지는,
환영일 뿐이라는 얘기다.

패션 잡지는 스타들의 각축장이다. 그들의 패션과 라이프스타일, 그들이 사용하는 각종 제품, 심지어는 그 가격까지 다 소개한다. 신기한 건 대중이 이러한 언론의 노력에 보답이라도 하듯 그 제품들을 광적으로 사들인다는 것. 바야흐로 우리 시대는 미디어를 통해 인기를 얻은 유명인사의 몸값이 곧 상품경제의 핵심인 사물의 가격과 소비를 좌지우지할 수 있는 사회다. 그렇다면 이런 형태의 영향력은 도대체 어디에서 기인한 것일까?

미디어를 통해 인기를 얻은 유명인사들을 가리켜 셀러브리티, 줄여서 '셀럽'이라고 부른다. 셀러브리티celebrity란 단어의 라틴어 어원은 '명성의 조건'이란 뜻을 가지고 있다. 그 명성의 조건이란 '사람들이 한눈에 알아보는 사람'이라고 한다. 그러고 보면 예나 지금이나 셀럽의 조건은 크게 달라진 게 없는 것 같다.

고대 그리스에서는 올림픽에서 두각을 드러낸 운동선수들이 큰 인기를 얻었다. 사람들은 노래와 산문을 지어 그들을 찬양하고 음식과 향응을 제공했다. 로마에선 극장의 배우와 검투사, 황제가 셀러브리티였다. 동전에 얼굴이 새겨질 정도였으니, 그들의 인기가 어느 정도였는지 알 만하다. 그중에서도 특히 검투사의 인기는 하늘을 찔렀다. 어떤 귀족들은 검투사가 되기 위해 자신의 사회적 지위를 내려놓는가 하면, 잘생긴 검투사들은 수많은 귀족 여성들에게 러브콜을 받았다. 이런 행동은 당시 기준으로 볼 때 이혼 사유감이 되기에 충분했지만, 그럼에도 로마 여성들은 근육질의 힘 센 검투사에게 마음을 빼앗겼다.

중세로 가면서 이와 같은 양상이 다소 바뀐다. 12세기 영국 캔터베리 대성당의 대주교였던 토머스 베켓Thomas Becket은 군주인 헨리 2세와 종교와 정치권력의 배분을 둘러싸고 갈등을 빚었다. 그는 결국 왕의 친위부대에 의해 성당 안에서 살해되는데, 가톨릭교회가 그를 순교자로 칭송하면서 그가 살해당하는 장면을 성화로 복제해 각 교회에 뿌렸다. 이때부터 영국 사람들 사이에서는 캔터베리 대성당으로 순례를 떠나는 것이 큰 인기를 얻게 된다. 무조건 따라 하고 싶은 일종의 '패션'이 되어버린 것이다. 이 사례를 보면 그 옛날 가톨릭교회도 오늘날의 미디어 집단과 다르지 않다는 것을 알 수 있다. 이념전쟁을 위해 대중에게 특정 인물을 반복적으로 노출시켜 숭배해야 할 대상으로 만든 걸 보면 말이다.

르네상스 시대에는 베네치아를 중심으로 유리거울 제조기술이 현저하게 발달하면서 인식론의 새로운 변화를 가져왔다. 벽거울과 손거울, 화장용 거울 등 평면 유리거울을 통해 자신을 매일 들여다보면서 사람들은 자의식을 키울 수 있었다. 또 이때부터 사람들은 본격적으로 타인의 옷차림과 제스처, 표정을 따라 하고 경쟁했다. 그 당시 셀럽은 이탈리아 피렌체의 메디치 가문 여인들이었다. 금융업으로 축적한 부를 바탕으로 당대 유럽의 내로라하는 예술가와 장인들을 끊임없이 후원했던 메디치 가문의 여인들은 최신 유행의 지표였다. 당시 그들의 모습이 담겨있는 초상화를 보면 면면이 화려하다. 서민의 집 한 채 가격에 맞먹는 씨알진주 700여 개를 달아 만든 드레스나, 담비 털로 만든 팔 토시 지벨리니도 메디치가의 여인들이 유행시킨 아이템이다. 이들은 당대의 패션코드를 규정한 집단이었다.

바로크와 로코코 시대에는 현대적 의미의 셀러브리티의 원형이 등장한다. 취향과 스타일을 국부의 토대로 삼았던 200년의 시간 동안, 사람들은 자신들의 이름을 건 옷차림을 선보인다. 바로 이때 개인의 개성과 매력이 묻어나는 옷, 룩look이 탄생한다. 대표적인 인물로는 루이 15세의 정부였던 마담 퐁파두르를 꼽을 수 있다. 그녀는 로코코 시대의 미감을 섬세하게 규정하고 감독한 일종의 큐레이터였다. 그녀가 사랑한 직물과 인테리어 방식, 식사예법, 걸음걸이, 사람을 유혹하는 표정과 교태스러운 몸짓 등 궁정의 여인들은 그녀의 모든 것을 따라 했다. 오늘날 대중이 닮고 싶어 하는 유명인의 착장법을 비롯한 특정 아이템, 패션 스타일, 더 나아가 유명인 자체의 라이프스타일을 소비하는 셀러브리티 패션은 이렇게 태어났다.

하지만 오늘날의 셀러브리티 문화와 가장 닮은 시대는 19세기 낭만주의 시대라 할 수 있다. 당시 최고의 셀럽이었던 시인 바이런은 잘나가는 작가이자 명망가문의 자녀로서 화려한 삶을 추구하며 당대 사회의 답답한 규칙을 비웃었다. 그는 요즘 말하는 소위 '나쁜 남자'의 원형이었다. 바이런의 연인이었던 캐롤린 램조차도 그를 가리켜 '광기로 가득한 도무지 알 수 없는 남자'로 기록했다. 바이런은 예술가란 '특정한 재능으로 세상과 자신을 구분시키며 관습에 얽매인 사회를 비아냥거릴 수 있는 일종의 사회적 특허장을 받은 사람'이라고 말했다. 그가 활동했던 시기에는 유럽의 도시 가운데서 런던과 파리가 핫 스팟(대중이 선호하는 장소)으로 사랑을 받았는데, 특히 그가 자주 출몰하는 클럽은 가장 핫한 장소로 대중의 인기를 얻었다. 그 배경에는 인쇄문화의 발전이 있었다. 18세기 후반은 인쇄문화의 변혁기로 각종 잡지와 신문, 서적, 정치적 내용을 담은 팸플릿이 활발하게 유포되었다. 대중은 타블로이드에 매번 오르는 정치계 인사나 부유층의 가십을 소비하며, 그들의 삶으로 눈을 돌렸다. 그들을 비난하면서도 한편으론 그들의 라이프스타일을 모방하기 위해 염가의 짝퉁제품을 내놓는 가게 앞에서 밤을 새워 줄을 섰다.

배우나 연예인이 셀럽을 대표하는 유명인으로 자리매김하기 시작한 것은 1920년대부터 1950년대 사이이다. 당시 미국 사람들이 대공황으로 심각한 경기침체기에 빠져 고통의 나날을 보내고 있을 때 할리우드 영화들은 그들에게 꿈과 희망을 주는 효과적인 도피처였다. 모든 산업이 불황이었지만 사람들을 위로하는 영화

산업만큼은 번창했던 이유도 그 때문이다. 영화산업의 발전은 영화 속 패션, 메이크업과 헤어스타일의 발전에도 영향을 미쳐 대중은 극장에서 만나는 스타들의 패션과 스타일에 자신의 몸을 맡겼다. 마릴린 먼로의 글래머러스하고 섹시한 스타일, 오드리 헵번의 청순한 스타일, 그레이스 켈리의 기품 있는 패션은 연예인을 중심으로 한 셀러브리티 패션의 기초를 마련했다.

모방의 메커니즘을 연구한 프랑스의 사회학자 가브리엘 타르드 Gabriel Tarde는 대표저작《모방의 법칙》에서 '모방은 일종의 최면 상태와 같은 꿈'이라고 주장한다. 그의 이론에 따르면 1920～1950년대 할리우드는 관객의 꿈을 조종한 셈이다. 단, 그 꿈의 패션을 따라 하는 모방행위를 사람들로 하여금 자발적이라고 믿게끔 만들었다. 이 전략은 현재까지도 그대로 유지되고 있다.

셀러브리티 문화의 핵심에는 한 개인의 개성을 단순한 상품을 넘어 종교적 차원으로 숭배하는 정신이 자리한다. 인간은 타인을 모방하는 과정을 통해 뭔가에 동참하고 있다는 생각과 함께 마음의 안정감을 찾는다. 미국 사우스캐롤라이나 대학에서 '가수 레이디 가가와 명성의 사회학'이란 독특한 과목을 강의하는 사회학자 매튜 데프렘Mathieu Deflem에 따르면, 현대 대중사회의 특성은 한마디로 '유명인에 대한 동경과 그 과정의 무한반복'이다. 그는 현대 사회를 이해하는 데 있어 셀러브리티 문화는 빼놓을 수 없는 요소라고 말한다.

사람들이 유명인의 옷차림을 따라 입기 시작한 것은 최근의 일이 아니다. 오래전 16세기부터 이러한 경향은 계속돼왔다. 그 대상이 여왕과 귀족에서 연예인으로 바뀐 것뿐. 다른 점이 있다면 유행이 바로크나 로코코 시대처럼 궁중에서 시작되어 아래로 퍼지는 것이 아니라, 각자가 자신의 정체성과 개성을 얻기 위해 자기가 닮고 싶어 하는 연예인의 패션을 모방한다는 데 있다. 그런데 요즘에는 이런 경향에도 금이 가고 있다. 대형기획사가 만들어낸 연예인들의 획일화된 모습과 한정된 콘텐츠에 대중이 싫증을 느끼기 시작한 것이다. 사람들은 '이미 만들어진' 것들보다 '만들어 갈 수 있는 가능성'에 더 큰 매력을 느끼기 시작했다. 단적인 예로, 외국에서는 유명 여자 배우의 이름을 딴 셀러브리티 향수의 매출이 점점 줄고, 개인이 조합해서 사용하는 수제향수의 매출이 늘고 있다는 것만 봐도 알 수 있다. 방송과 매체에서도 공중파의 역할이 크게 줄면서 1인 방송이 그 틈을 메우고, 1인 창작자들이 하루가 멀다 하고 속속 스타로 등장하고 있다. 전통적 의미의 셀러브리티 시대가 기울어 가고 있는 것이다.

여담이지만 나는 셀럽의 패션 스타일링을 유심히 살펴보는 편이다. 아무래도 패션에 관한 글 쓰는 일을 업으로 삼고 있다 보니 습관처럼 보게 된다. 내가 좋아하는 스타일은 가장 '자기답게 입는' 것이다. 그런 의미에서 나는 박노해 시인이 몇 년째 입고 있다는 하얀 면 셔츠, 인터뷰를 하루 앞둔 전날 빨아서 늘 갓 세탁

한 냄새가 난다는 그 옷이야말로 위대한 옷이라고 생각한다. 힘들게 빨래를 세탁하고 고운 햇살에 말린 후 걷어본 사람이면 알 거다. 옷에서 나는 깔끔한 빨랫비누 냄새가 참 좋다는 것을. 또 하나. 겨울이면 넥타이 없이 회색의 터틀넥 스웨터에 헤링본 트위드 싱글 재킷을 입는 손석희 앵커의 스타일도 빠뜨릴 수 없다. 그에게선 직물의 재질처럼 파삭하면서도 만지면 따스한 기운이 배어나오는 그런 청신함이 느껴진다.

최고의 옷이란 이처럼 그 사람에게 잘 맞는 옷이 아닐까. 옷을 잘 입는다는 건 셀럽의 옷차림을 단순히 추종하는 것이 아니라, 나 자신에 대한 정확한 이해에서 출발하는 것임을 나는 확신한다. 스타일이란 한 벌의 옷을 입는 문제가 아닌, 우리의 온 삶을 떠받치는 원리다. 결국, 스타일은 인간을 평가하는 척도다. 그것이 어느 누구의 것도 아닌 나만의 스타일을 가져야 하는 진짜 이유다.

관능자본
○○○○○○○○○○○○

일상을 지배하는 조용한 권력

feat. 코코 샤넬

"유충보다 편안해 보이는 존재가 있을까?
나비는 사랑을 하기 위한 완벽한 몸을 가진 존재다.
우리에게 필요한 옷은 바로 유충과 나비,
두 세계를 함께 껴안을 수 있는 옷이다.
아침에는 유충이었다가
밤에는 우리를 나비로 만들어주는
그런 옷 말이다."

여성을 활동적으로 만드는 디자인을 했을 뿐 아니라,

여성을 아름답게 만드는 디자인을 했다는 평을 받는

샤넬에게, 나비는

'한순간의 사랑'을 위해 태어난 존재였다.

꽃을 찾아가는 나비의 날갯짓이 에로틱해서일까.

나비는 그림이나 문학작품에서

섹스의 상징으로 많이 사용된다.

또 마치 약속이라도 한 듯 동서양 할 것 없이

나비는 인간과 인간이 교접하고

그 결과 새로운 존재가 태어나는

순간의 상징으로도 많이 사용된다.

그런 이유에서일까.

샤넬이 이야기한 것처럼 우리에게 필요한 옷은

나비와 유충처럼 인간 내면에 잠재된

관능적 아름다움을

끄집어내주는 옷일지도 모르겠다.

패션은 우리가 매일매일 고민하고 결정을 반복해야 하는 인생의 중요한 의사결정 사항이다. 누구를 만나 무슨 일을 해야 하는지에 따라 옷은 달라져야 한다. 옷을 입는 행위에는 엄연히 '목적'이 있다. 그중에서도 첫인상, 7초 만에 승부가 나는 그 게임에서 사람들은 상대방에게 자신을 어필하고 호감을 얻고자 한다. 17~18세기 서양에서는 남자든 여자든 유혹을 할 수 있는 힘, 즉 교태가 중요한 미덕이었다. 특히 유럽의 궁정은 유부남·유부녀 귀족들의 연애가 일상다반사였는데, '어떻게 하면 그 혹은 그녀의 마음을 훔칠 수 있을까?'가 그들의 주된 관심사였다. 그에 대한 해답이 되어준 것이 바로 패션이었다. 그리고 그 기원은 아주 오래전으로 거슬러 올라간다.

인간의 성욕은 시각적으로 참신한 것에 매혹된다. 고대부터 여성의 화장기술이 등장한 것은 언제든 자신이 건강하게 수태할 수 있는 상태임을 보여주기 위해서였다. 즉, 메이크업은 타인에게 항상 자신을 매력적으로 보이기 위한 기술로 여겨졌다. 패션의 변화가 인간의 성감대를 따라 발전해왔다고 주장하는 것 역시 이와 같은 맥락이다. 정신분석학자인 에드먼드 버글러Edmund Bergler는 "패션의 역사는 일곱 가지 신체 부위, 즉 가슴, 허리, 골반, 엉덩이, 다리, 팔, 신체 자체의 길이를 둘러싸고 이루어진 순열조합의 역사다."라고 주장했다. 신체는 변화하는 패션의 주체로서, 각 신체의 기관들 역시 패션 스타일의 변화와 함께 '등장'과 '퇴장'을 반복하며 발전해왔다고 볼 수 있다. 목선을 한번 예로 들어보자. 목은 얼굴과 상체를 연결시키는 부위로, 얼굴과 더불어 인간의 감정을 풍부하게 표현해준다. 종교적 정숙성을 강조한 중세 때는 목의 노출을 금했지만, 종교의 지배에서 벗어난 17세기 이후 목선은 감각적이고 화려한 아름다움을 뿜어내며 역사의 전면에 등장한다. 가슴이 깊게 파인 의상이 유행하면서 이는 더욱 극대화되었다. 목은 동양에서도 에로틱한 신체 부위로 여겨졌다. 일본의 기녀들은 기모노를 입을 때, 뒷깃을 등 쪽으로 많이 넘겨 가늘고 긴 목선의 뒤태가 드러나게끔 한다. 이는 머리 장신구를 이용해 머리채를 크게 부풀린 것과는 대비되는 느낌을 줄 뿐만 아니라, 신체를 길어 보이게 하는 효과와 함께 기녀의 관능적인 아름다움을 강력하게 발산한다.

우리가 흔히 말하는 '개미허리'는 서양에서 유래하였다. A. D. 100년경에도 그리스의 크레타 섬 여인들 간에는 허리를 가늘게 보이도록 하는 재단법이 발달했다고 한다. 르네상스, 바로크, 낭만주의를 거치면서 가는 허리는 이상적인 미의 기준으로 완전히 정착되었다. 특히 19세기 말경 가는 허리와 풍만한 가슴을 강조하기 위해 여자들은 코르셋을 착용해 인위적인 신체변형까지 서슴지 않았다. 심지어 성형을 통해 갈비뼈를 제거하기도 했다고 전해진다.

영국의 복식학자인 제임스 레이버James Laver는 정신분석학자 버글러의 생각을 발전시켜 패션을 에로틱한 성감대의 변화로 규정했다. 그는 "패션이란 영원한 새로움과 변화를 필요로 하는, 유혹의 기술이다."라고 주장한다. 그의 생각에 따르면, 인간의 몸이 빚어낼 수 있는 새로움과 변화의 출발점은 다름 아닌 신체의 각 주요 부위였다. 패션의 역사를 봐도 어떤 시대는 가슴을 강조했고, 또 어떤 시대는 발을 가리고 절대로 보여주지 않기도 했다. 여성의 성적 매력이 신체의 특정 부위에 응축되어있다고 믿었던 것이다. 그렇게 특정 부위가 발산하는 에로틱한 매력이 시간이 지나면서 점점 감소하면 또 다른 부위로 옮겨갔다. 이 이론에서 '관능자본erotic capital'이란 말이 나왔다. 관능자본이란, 타인의 신체를 바라봄으로써 유발되는 스릴과 성적 흥분이다. 패션의 유행주기에 대해 분석한 레이버는 이 관능자본을 축적하기 위해 상당 기간 특정 신체 부위를 감추는 패션을 유행시킴으로써 그 특정 부위에 관한 흥미를 유지하는 데 성공했다고 주장한다. 여성의 모든 신체 부위는 디자이너들에 의해 노출과 반 노출의 줄다리기를 해온 셈이다.

최근 미국의 한 심리학 저널에 발표된 연구에 따르면, 남자들은 여자가 신고 있는 하이힐의 굽이 높을수록 그 여자에게 기꺼이 도움을 제공하고 적극적으로 접근하려는 의지를 보인다고 한다.

이 실험에는 굽이 없는 플랫슈즈, 각각 5센티미터와 8센티미터
의 굽을 가진 구두를 신은 여자들이 참여했는데, 여자가 바에서
실수로 장갑을 떨어뜨렸을 때 그것을 주워준 남자의 비율이 플
랫슈즈, 5센티미터, 8센티미터 굽 순으로 62퍼센트, 78퍼센트,
93퍼센트로 나왔다. 여기에 남자가 여자에게 말을 걸기까지 걸
린 시간은 굽 높이 순으로 13분, 11분, 7분이 걸렸단다. 이 연구
결과를 통해 여성들이 신는 구두 굽의 높이는 남성들의 성적 행
동을 촉발시키는 계기가 될 수 있다고 충분히 해석할 수 있다.
하이힐은 단순히 키만 커 보이게 하는 역할에서 멈추지 않고, 여
성의 힙을 둘러싼 신체 부위의 움직임을 섬세하게 강조하고 몸
전체의 각선미를 돋보이게 함으로써 성적 매력을 높여준다. 발
끝으로 체중이 쏠리면서 발에 심한 압박이 가해질 뿐만 아니라
발가락 변형까지 일으키는데도 하이힐이 꾸준히 인기를 이어가
는 이유는 바로 이 때문이다.
어떤 슈즈를 신는가에 따라 활성화되는 신체의 성감대 부위는
달라진다. 엉덩이와 가슴, 팔과 다리의 흔들리는 폭과 떨림의 정
도, 보폭과 걸음걸이가 달라지기 때문이다. 서양의 슈즈가 단순
히 단화와 하이힐에 그치지 않고 펌프스, 슬링 백, 뮬, 플랫폼, 부
츠, 스틸레토 힐 등으로 다양해진 것은 발의 에로티시즘, 내밀한
발의 매력을 전달하기 위한 진화의 과정이다. 이때 슈즈 안에 감
추어진 발은 신체의 대용물surrogate body로, 슈즈 디자인의 진화
는 여성의 발로 대변되는 신체를 어떻게 감추고 드러낼지를 결

정해온 역사라고 할 수 있다.

심리학자인 라마찬드란v. S. Ramachandran 박사의 책《라마찬드란 박사의 두뇌 실험실Phantoms in the Brain》을 보면 독특한 연구결과가 나온다. 신체 각 부분에 대한 반응을 자기공명영상을 이용한 뇌 사진으로 찍어보면 성적 흥분이 어디에 가장 먼저 이뤄지는지 알 수 있는데, 첫째가 바로 입술이다. 입술이 차지하는 면적이 상체 전부와 맞먹을 정도라고 한다. 사진판독에 따르면, 얼굴은 손보다 면적이 작고, 성기는 발보다 면적이 작았다. 이 연구를 통해 발이 실제로 성기보다 더욱 강력한 성적 암시와 떨림을 뇌에 전달한다는 사실이 밝혀졌다.

성적 욕망이란 측면에서 패션의 변화를 설명하는 이론은 그 자체로 문제가 많다. 하지만 신체의 한 부분에서 다른 부분으로 초점이 이동하는 방식으로 패션의 변화를 설명하는 부분은 한번쯤 생각해볼 만한 문제다. 유행은 관능자본을 축적하고 유통하는 주기의 반복을 통해 형성된다. 역설적으로 말하자면, 옷은 사람에게 입혀지는 기능을 할 뿐만 아니라, 그들을 발가벗기고 강조하는 기능도 한다. 인간의 에로티시즘은 이러한 강조하는 포인트를 변경하면서 패션이란 유혹의 형식을 완성한다.

사람들은 왜 꽃무늬에 열광할까?

feat. 아우구스트 엔델

독일의 디자이너이자 건축가, 이론가였던 아우구스트 엔델은
19세기 말에서 20세기 초에 걸쳐서 유럽 및 미국에서 유행한
예술운동인 아르누보Art Nouveau의 스타였다.
독일판 아르누보인 '유겐트슈틸Jugendstil'을 주도한 그는
이 운동의 정신이 자연물,
특히 꽃과 식물의 덩굴에서 따온 유연한 곡선에 있다고 보고,
미술과 공예, 건축과 디자인, 패션에도 이를 적용했다.
그의 이론에 따르면
자연의 풍성함이야말로 패션을 유쾌하게 만드는 근거였다.
그는 이렇게 말했다.

"현학적인 사람일수록 패션을 일시적이라는 이유로
어리석다고 생각한다.
패션의 덧없음을 추구하는 것이
삶에 대한 범죄라고 주장하는 것이다.
과연 그럴까? 패션은 사실상 삶 자체의 상징이다.
패션은 그것이 실제로 성취할 수 있는 것들을 계산하기보다
자신의 재능과 선물을 변덕스럽게 쏟아 붓는다.
이와 마찬가지로 자연은 수만 개의 씨앗을 도처에 뿌린다.
그중 하나는 반드시 발아한다. 얼마나 지적인 낭비인가?
하지만 자연이 보여주는 영원한 시작과
다채로운 풍성함이야말로
패션을 유쾌하게 만드는 근거다."

봄이 오면 나무들은 청신한 청록 빛깔 이파리의 옷을 입고 산과 들을 물들인다. 영어에는 'Turn over a new leaf'라는 표현이 있다. 자연이 새로운 이파리로 갈아입는 행위를 가리켜 '마음을 새롭게 먹다', '국면을 일신하다'라는 뜻으로 사용하는 것이다. 자연이 자기가 뿌린 수만 개의 씨앗 중 잉태된 하나의 씨앗을 위해 사시사철 옷을 바꿔가며 온몸으로 축복하듯, 수없이 제시된 유행과 스타일로 매번 바뀌는 패션도 그 자체로 풍성한 삶의 표현이 아닐까?

진화론을 주장한 찰스 다윈도 "패션의 덧없는 변화가 인간에게 존중 받는 이유는, 새들이 깃털의 색과 구조를 바꾸어 암컷에게 사랑을 받는 것과 다를 바가 없다."고 말하며 변덕스러운 패션 현상을 자연 현상에 빗대어 옹호한 바 있다. 변화무쌍한 패션계라 하지만 언제 어디서나 통하는 불변의 아이템이 있긴 있다. 그것은 바로 꽃무늬다. 식물의 풍정과 계절감을 의복에 삽입하여, 자연과의 일체감을 느끼고 싶은 인간의 마음을 담은 결과의 소산이 바로 꽃무늬 옷 아닐까? 환하게 피어나는 꽃과 함께 삶 속에 새로운 변화에 대한 목마름을 표현하고 싶을 때 우리는 꽃무늬 옷을 입는다. 꽃무늬가 프린트된 드레스가 영원불멸한 클래식인 이유다.

꽃은 그 자체만으로도 훌륭한 조형물이다. 꽃의 형태와 색채, 질감은 디자이너의 창조 본능을 일깨운다. 왜 그런 것일까? 꽃은 종자식물의 생식기관이다. 즉, 본질적으로 관능을 품고 있다. 서양문화에서 꽃과 식물은 땅에 뿌리를 두고 하늘을 지향한다는 점에서 지상과 천국을 연결하는 매개였다. 고대 이집트에서는 연꽃과 파피루스 꽃을 저승의 통치자 오시리스를 숭배하는 매개로 사용했고, 이 꽃이 회춘과 새로운 삶을 상징한다고 믿었다. 그리스에서는 아네모네 꽃을 영혼과 연금술의 상징으로 숭배했다.

패션의 역사에서 꽃문양이 옷에 적용된 건 중세 후기부터다. 14세기 중반 오스만 제국의 첫 수도였던 부르사Bursa는 유라시아 무역 루트의 중요한 연결점이었다. 이란 북부지역에서 생산되는 견사의 중간 집산지였던 부르사에서는 이슬람 내에서 가장 질 좋고 우아한 실크와 벨벳이 생산되었다. 특히 카네이션과 종려나무 줄기, 석류와 양귀비꽃을 모티프로 삼아 미려한 광택을 발산하는 금사와 은사로 정교하게 짠 직물들은 이탈리아 상인들의 마음을 사로잡았다. 상인들은 이 직물을 궁정의 고위관리와 최상의 종교사제 집단에 팔았다. 따라서 꽃무늬 패턴은 자연히 그 자체로 높은 지위를 상징하는 물품이 되었다.

16세기에서 18세기 서양인들의 마음을 사로잡은 꽃무늬 직물은 인도에서 왔다. '친츠chintz'라 불리는 이것은 다채색 소형 꽃무늬로 뒤덮인 면직물이었다. 친츠는 이 시기 네덜란드와 영국의 동인도회사를 통해 유럽에 수입되었다. 그런데 친츠가 인기를 끌자 영국은 자국의 실크 제조업을 위협한다는 이유로 1680년 경부터는 친츠의 수입을 금지시켰다. 그러다 1759년 영국 직물 제조업자들이 값비싼 인도산 친츠의 제조 비밀을 알아냈고, 1783년에는 스코틀랜드의 토마스 벨이 롤러 프린터를 발명하면서 염직물을 대량생산하는 일이 가능해졌다. 그 결과 친츠는 염가로 판매되기 시작했다. 18세기 산업혁명과 더불어 직물생산의 양은 10배나 증가했고, 기계로 프린트한 친츠 직물이 시장에 쏟아지면서 여성들의 주간용 의상에도 꽃무늬가 광범위하게 사용되었다.

꽃무늬에 관해 이야기할 때, 일본과 중국과 같은 아시아의 대담한 꽃무늬 실크를 언급하지 않을 수 없다. 19세기 중반부터 유럽에 도입된 일본의 기모노는 당시 유럽 귀족 여성들의 실내복으로 많이 사용되었다. 기모노는 코르셋으로 온몸을 감싸고 다녔던 당시의 여성들을 답답함으로부터 해방시키며 신체의 자유에 대한 의식적인 각성을 이뤄냈다. 당시 프랑스에서는 인상주의자들이 중국식 병풍, 도자기와 함께 기모노를 자신의 그림에 묘사하는 것이 인기였다. 인상주의 작품 속 여인들은 하나같이 화려한 색의 의상을 걸치고 있는데, 이는 비약적으로 발전한 의류산업의 결과물이었다. 이때는 재봉틀의 발명과 더불어 인공염색 기술의 발달로 이전 시대에는 선보이지 못했던 오렌지, 보라색 등 다양한 컬러의 옷이 등장할 수 있었다. 특히 이 시대에 제작된 직물은 아시아 직물에서 영감을 얻은 꽃무늬 패턴들이 주를 이뤘다. 유기적인 곡선을 이용해 해바라기, 백합, 붓꽃, 수선화 등의 꽃무늬를 표현한 직물들은 그 자체로 동서양의 교류와 융합을 상징했다.

파리의 오트쿠튀르 컬렉션에는 매년 꽃의 이미지와 무늬가 등장한다. 패션 디자이너 크리스티앙 디오르가 1947년 1월에 뉴룩을 발표한 직후, 프랑스 여인들은 열광의 도가니에 빠졌다. 당시 디오르가 발표한 코롤레corolle 라인은 단어의 의미대로 꽃봉오리를 주제로 삼았다. 잘록한 허리와 풍성하게 퍼지는 라인의 플레어스커트는 프랑스가 패션의 중심이었던 19세기 후반의 향수를 불러일으켰고, 전쟁으로 침체돼있던 사회 분위기에 화사한 생기를 불어넣어주었다. 정원 가꾸기를 좋아하던 어머니로부터 영향을 받아 꽃을 좋아했던 디오르가 "나는 꽃 같은 여성을 디자인했다."며 꽃봉오리를 엎어놓은 모양의 뉴룩을 전파했다면, 샤넬은 동백꽃을 통해 단순하면서 우아한 아름다움을 추구했다.
샤넬의 동백꽃만큼 샤넬 브랜드의 정체성을 상징하는 것도 없다. 동백꽃은 꽃망울을 터트리며 화려하게 꽃을 피웠다가 나중에는 꽃봉오리가 통째로 땅에 떨어져 지는 꽃이다. 시들어버린 모습을 보이지 않는 자존심 강한 꽃의 면모는 당당한 여성의 이미지를 만들기 위해 평생을 바친 샤넬의 열정적이고 도발적인 면모와 닮아있다. 살아생전 이 동백꽃을 가장 좋아했던 코코 샤넬은 죽을 때도 동백꽃으로 뒤덮인 떡갈나무 관에 바느질 가위와 함께 묻혔다고 한다.

화려하게 피어나 한순간에 저버리는 꽃은 패션뿐만 아니라 시와 음악, 미술, 건축 등 다양한 창작 분야에 예술적 영감을 제공했다. 역사상 가장 아름다운 문화혁명이자 '꽃의 혁명'이라 불리는 히피 운동은 보헤미안 풍의 자잘한 꽃무늬 패턴을 유행시켰다. 베트남 전쟁에 반대하며 평화를 원했던 히피족은 그들의 이념과 사상을 꽃으로 표출했다. 1960~1970년대를 주름잡던 히피룩은 복고풍의 유행을 타고 여전히 대중의 사랑을 받고 있다.
"또 꽃무늬야?" 매 시즌 쏟아지는 플라워 패턴이 이제는 조금 지겨울 수도 있다. 비슷해 보이지만 자세히 들여다보면 미묘한 차이가 있다. 항상 새롭기 때문에 언제 봐도 질리지 않는다. 꽃무늬는 유행 법칙의 지배를 받지 않기에 영원히 반복된다. 패션의 질긴 생명력이 아닐 수 없다.

취향의 사회학
ⵔⵔⵔⵔⵔⵔⵔⵔⵔⵔⵔⵔⵔⵔⵔⵔⵔⵔ

트렌드는 어떻게 만들어지나

feat. 찰스 디킨스

"패션은 인간과 같다.
언제, 왜, 어떻게 패션이 우리 곁으로 왔는지
정확히 아는 사람은 아무도 없다.
패션이 퇴출되는 과정도 마찬가지다."

찰스 디킨스는 영국 빅토리아 시대 최고의 소설가로
그의 대표작《위대한 유산》,《데이비드 코퍼필드》,
《올리버 트위스트》,《크리스마스 캐럴》등은 아직까지도
수많은 독자들의 사랑을 받고 있는 고전이다.

그는 신문을 통해 소설을 연재하면서, 독자들의 반응에 따라
차후의 스토리를 다듬어간 연재소설의 전형을 만들어낸
작가였다. 또 빅토리아 시대 하층민들의 빈곤 문제와
상류계층의 속물근성을 지속적으로 꼬집었던
사회평론가이기도 했던 그는 소설 속에 당시의 사회상을
적나라하게 표현했다. 특히 소설 속 등장인물을 묘사할 때
복식을 통해 인물의 성격을 잘 드러냈는데,
워낙 정교하게 잘 묘사한 덕에 그가 쓴 소설을
빅토리아 시대의 패션 트렌드 보고서로 평가해도
손색이 없을 정도다.
당시는 패션산업이 본격적으로
트렌드를 창조하기 시작할 때였다.
매체를 이용해 새로운 디자인을 소개하고 그것으로
사람들의 욕망을 불러일으키면서
소비를 통해 계층의 차이를 지속적으로 드러내는 법을 알렸다.
그 과정에서 트렌드는
사회를 변화시키는 강력한 힘으로 등장하게 되었다.
트렌드는 과연 어떻게 해서 사회를 움직이고
사람들의 생활을 바꾸게 되었을까?

의식주가 삶의 기본요소라고 하지만, 정작 이것이 인간의 욕망과 취향을 반영하는 물질의 세계임을 사람들은 종종 잊곤 한다. 이 의식주 세계를 구성하는 물질과 정신의 덩어리를 하나로 엮는 것은 무엇일까? 바로 취향taste이다. 취향의 사전적 의미는 '하고 싶은 욕구가 생기는 방향 또는 경향'이란 뜻이다. 18세기 계몽주의를 대표하는 철학자 칸트는 취향을 '아름다움을 판정하는 능력'이라고 보고, "취향에 따라 자신을 내보이려는 것은 그 자체로 커뮤니케이션이 된다."라고 말했다. 말 그대로 아름다움에 대한 기준을 만들고 수용할 수 있는 것은 개인의 역량에 달려있다는 의미다.

취향이 보다 많은 사람에게 공유되면서 생성되는 것이 바로 트렌드다. 사회학에서는 이를 '사회의 다수가 시대나 상황에 부합한다고 인식하여 일시적으로 받아들인 상태'라고 정의하는데, 원래 트렌드는 푸른 바다와 연결되는 개념이었다. 16세기 후반, 강이나 해안선이 특정한 방향으로 휘어져 흘러가는 모습을 설명하는 동사로 사용되었던 트렌드는 원양 항해에서 물길을 트고 나아가는 선원들 사이에서 '해류의 흐름에 따라 몸을 맡긴다'라는 뜻으로도 자주 쓰였다. 이런 뜻으로 사용되던 단어가 19세기 후반, 사회 내부의 전반적인 흐름을 파악한다는 뜻으로 쓰이면서 오늘날 우리가 알고 있는 트렌드의 개념이 되었다.

사실 트렌드란 말처럼 여러 방면에서 자주 사용되는 단어도 없는 것 같다. 트렌드의 의미는 패션과 인테리어, 헤어스타일, 메이크업 영역에만 한정되어 있지 않다. 우리가 입고 먹고 자는, 한 마디로 의식주라는 기호체계를 좌지우지하는 것 또한 트렌드다. 예전에는 프로방스 스타일이 인테리어의 주조라더니, 언제부터인가 북유럽 스타일이 대세라 하고, 이제는 정갈함과 소박함을 무기로 하는 킨포크 스타일이 유행이란다. 패션 쪽에서는 1950년대 오토바이를 몰던 거친 남자들의 상징이었던 바이커 재킷이 다시 유행이라며 한 벌 준비하라고 호들갑이다. 또 1970년대 복고풍 패션이 오늘날 다양한 패션 품목에 접목되었다. 이렇게 패션과 인테리어, 레저 및 휴양을 포함한 모든 활동영역에는 개인의 선택과 집단의 취향이 혼재한다. 타인을 모방하려는 개인의 선택이 집단의 취향과 만나는 지점, 트렌드는 바로 그곳에서 발생한다.

패션은 경쟁적으로 타인을 모방하면서 즐거움을 찾는 '사회적 놀이'다. 고대부터 근대 초까지만 해도 인간의 패션은 상위계층의 스타일을 모방하려는 열망으로 가득했다. 궁정 귀족들은 왕비의 헤어스타일과 드레스 코드를 따라 했다. 패션뿐만 아니라 그들이 조율하는 실내 가구배치 방식, 벽걸이용 걸개그림과 화로 위에 놓아두는 향로에 이르기까지 모든 것을 따라 하기에 바빴다. 이에 왕은 자신들의 라이프스타일이 과다하게 복제되는 걸 막기 위해 '사치금지령'을 내려 자신의 권위와 위엄을 보호하려고 했다. 귀족들의 식탁에 올라가는 은수저의 개수까지 제한할 정도였다. 하지만 그럼에도 불구하고 상위계층의 취향은 추종자 집단을 일종의 취향 공동체로 묶어내면서 사회 내부의 저층을 향해 지속적으로 흘러들었다.

취향 공동체는 18세기 유럽에서 처음으로 등장했다. 얼마 지나지 않아 그들의 옷차림, 춤추는 모습, 음식을 먹고 마시고 소비하는 방식, 각종 제스처, 사회적 안건에 대한 그들의 의견이 중요한 의미를 띠기 시작했다. 또 과거에는 옷을 제작하는 데 들어가는 값비싼 재료들로 계층을 나누었다면, 그때부터는 옷차림을 넘어 옷을 착용한 이의 생각, 이해관계, 의견이 보다 중요해졌다. 게다가 패션에 트렌드란 단어가 등장하면서 유행을 주도하는 계층과 인물도 등장했다. 말 그대로 '역할모델'이 나온 것이다. 이런 역할모델들이 만들어 유포하는 패션의 착용법을 '한 개인의 정서가 녹아있는 옷차림'이란 뜻의 '룩look'이라고 불렀다. 이때부터 취향은 한 개인의 삶을 지배하는 거대한 개념이 됐다. 각자가 가진 미묘한 취향을 통해 세상에 자신의 정체를 드러내고 소통할 수 있게 된 것이다.

하지만 모방만이 유행의 원천이라고 말하는 것은 옳지 않다. 모방 외에도 개인을 조종하는 또 다른 힘이 있다는 것을 알아야 한다. 개인을 초월하는 이 힘은 특정한 트렌드에 동조하도록 인간을 조종한다. 개인의 선택과 집단의 취향은 바로 이 중간에 자리한다. 과연 이 힘은 무엇일까?

개인은 소비사회의 영향력에 노출되면서 거대한 자본의 권력과 조정력 앞에 무릎을 꿇을 수밖에 없다. 미국의 사회학자 다니엘 벨Daniel Bell은 《자본주의의 문화적 모순》에서 "자본주의는 세 가지 왕국의 혼합체다."라고 말한다. 여기서 세 가지란 효율성의 지배를 받는 경제, 평등을 추구하는 정치, 자아실현을 지상 과제로 삼는 문화를 뜻한다. 문제는 이 세 가지가 가치를 추구하는 과정에서 갈등을 일으키는데, 이것을 화해시킬 수 있는 유일한 해결책이 바로 트렌드라는 것이다. 이런 관점에서 보면 트렌드는 갈등으로 가득한 우리 사회를 일시적으로 봉합해주는 국부적 수술인 셈이다.

트렌드의 장점은 또 있다. 사람들의 취향을 읽어내고 이를 대중의 흐름과 결합할 수 있는 사람은 어떤 영역에서든 성공할 가능성이 높다. 이는 전공 불문이다. 영역별 흐름을 세분화하고 자신이 가장 좋아하는 것을 딱 한 개만 골라 그에 관해 지속적으로 뉴스를 모으고 읽으며 사람들이 어떤 사건과 사물에 끌리고 자신들의 에너지를 투여하는지 관찰해보라. 이런 반추의 과정을 거치고 나면 트렌드는 우리 삶에서 긴 호흡으로 남는다. 이 과정에서 얻게 된 지도는 나만의 것이 된다. 놀라운 건 이게 돈이 된다는 것이다.

마네킹이라는 거울
○○○○○○○○○○○○○○○○○○○○○○○○○○○○○○○○

우리가 알게 모르게 자괴감을 가지는 까닭은?

feat. 오르한 파묵

이렇게 해서 우리들은
처음으로 마네킹을 둘러싼 터키인의
은밀하고 소름 돋는 역사와 대면하게 되었다.

터키의 현대소설 작가 오르한 파묵은 자신의 작품에서
'나다운 것은 과연 무엇인가'의 문제에 대해 천착해왔다.
그가 쓴《검은 책Black Book》에는 마네킹을 제작하는
장인 베디란 인물의 이야기가 나온다.
베디는 가장 터키인다운 마네킹을 만들지만

누구도 그 마네킹을 찾지 않는다.
터키인들은 자신과 닮은 마네킹이 아닌
'환상'을 구매하려 하기 때문이다.
급격한 서구화의 바람 속에서
터키인들은 수염을 자르고,
전통복식을 버렸으며, 의복혁명을 일으켰다.
심지어는 자신들이 쓰던 이슬람어도 버리고
알파벳을 모방한 터키어를 새로 만든다.
이 모든 것들은 서구의 신문명과 학문이
자신들의 것보다 더 우월하다고 믿고,
그들처럼 되고자 하는 환상 때문이었다.
그렇게 오스만 제국은 멸망해갔다.
바로 이 지점에서, 우리에게 '우리의 몸'을 닮은
마네킹이 필요한 이유는 자명해진다.

패션 강의를 시작한 이후 종종 '이 직업으로 먹고살려면 품위유지비가 꽤 들겠다!'는 생각에 빠질 때가 있다. 패션을 인문학적 성찰의 대상으로 가르치는 나조차도 몸이라는 자본을 가꿔야 한다는 강박관념에서 결코 자유롭지 않다. 강의를 통해 영혼의 근육을 키우라고 아무리 강조해도, 결국 패션계 강사다운 멋진 모습을 기대하는 수강생들 앞에 서면 작아지는 스스로를 느낀다. 최근 다이어트로 7킬로그램을 뺐는데도 백화점 남성복 매장 내 마네킹을 보면 한숨이 절로 나온다.

우리는 무의식중에 패션매체가 주입시킨 자칭 '표준적 신체'를 아무런 의심 없이 받아들인 후, 자신의 몸을 그 기준에 맞추려고 학대한다. 우리의 신체 이미지는 사회에서 유통되는 여러 시각적 이미지들과의 지속적인 만남과 협상을 통해 만들어진다. 신체가 지닌 욕구를 구체적인 시각언어로 풀어내는 것이 패션매체다. 마네킹, 패션화보, 패션모델 등이 여기에 포함된다. 그중에서도 마네킹은 패션의 역사에 있어서 의복 이상의 가치를 갖는 획기적인 발명품이다.

마네킹은 수 세기에 걸쳐 인류를 매혹해왔다. 1923년 고고학자 하워드 카터가 기원전 1350년경으로 추정되는 이집트 투트Tut 왕의 무덤을 발굴했을 때, 절대 권력 파라오 옆에는 실물 크기의 나무 인형이 놓여있었다. 왕의 옷을 들고 있는 모습으로 왕의 가슴 옆에 누워 있는 이 인형이 바로 세계 최초의 마네킹이다. 또 로마 황제 네로의 아내는 자신의 모습을 본뜬 인형을 만들어 자신이 고른 옷을 입혀 평가하곤 했다고 전해진다.

프랑스어로 '예술가의 조립 인형'을 뜻하는 마네킹mannequin은 이탈리아어로 '조그만 사람'이라는 뜻의 마니키노manichino에서 왔다는 설이 있는데, 화가들이 인물화를 그릴 때 모델 대신 이용한 것이 바로 마니키노라고 한다. 초기 르네상스의 거장 마사초의 그림에도 등장했을 정도로 마네킹은 북유럽 르네상스 화가들의 스튜디오에 항상 구비돼있는 필수품이었다.

사람 대신 옷을 입혀놓은 현대적 의미의 마네킹은 14세기 후반부터 유럽의 재단사들이 패션의 최신 경향을 알리기 위해 작은 인형에 옷을 입힌 후 왕족이나 귀족에게 보냈던 게 시초였다. 프랑스 루이 14세 시절, 파리는 유럽 패션문화의 선도자였다. 오늘날 명품 가게가 즐비해있는 파리의 패션특구 생 토노레 거리는 이때도 최신 유행을 전파하는 출발점이었다. 그곳의 재단사들은 약 90센티미터 정도의 키를 가진 채색 목각인형에 당시 유행하는 헤어스타일, 최신의 복장, 네일 케어, 구두를 비롯한 액세서리에 이르기까지, 최신 유행 품목들을 착장시켜 정기적으로 유럽의 각 궁정에 보냈다. 이 인형을 '판도라Pandora'라고 불렀다. 이 패션인형들은 한 마디로 그리스 신화 속 '모든 혼란의 출발'인 판도라의 상자를 여는 효과를 만들어냈다. 많은 유럽 국가들은 파리발 패션인형 판도라의 옷을 벗겨, 사람이 실제로 착용할 수 있는 사이즈로 다시 작업을 해서 입었고, 부속된 액세서리와 똑같은 것을 장인들에게 주문하느라 난리법석이었다.

마네킹은 인간의 신체를 재현하는 이미지다. 마네킹을 제조할 때는 신체 곡선 비율, 가슴의 풍만함, 포즈나 표정, 유행 의상 등 동시대 사람들 사이에 유행하는 이미지를 정교하게 파악한 후 그것을 형태로 옮긴다. 결국 마네킹은 각 시대마다 선호하는 이상적인 체형의 표현이다. 이 과정에서 실제 여성들의 자연스러운 신체는 감추어지고, 당시 시대상을 신체에 반영한 부분이 부각된다. 마네킹은 패션의 변화에 민감하게 반응할 뿐만 아니라 문화적 조류와 가치관, 성 역할과 미적 기준, 얼굴과 체형에 대한 사회적 태도를 즉각적으로 반영하기 때문이다. 대표적인 예가 1898년에 만들어진 '정숙한 여인Miss Modesty'이란 이름의 마네킹이다. 두 손으로 얼굴을 가린 채 머리는 아래로 내려뜨린 모습의 이 마네킹은 허리를 16인치로 졸라맨 코르셋을 입고 있었다. 당시 유럽사회가 여성에게 강요한 성 역할과 정숙함에 대한 사회적 기준을 몸으로 체현한 것이었다.

2차 세계대전 당시 마네킹의 다리 부분은 유독 짧게 만들어졌는데, 이는 그 시대 여성의 키가 작아서가 아니라 배급에 의존한 물자결핍이 만연한 시대 분위기를 반영하기 위해서였다. 1960년대에는 미국의 젊은 영부인 재클린 케네디를 모델로 한 마네킹이 많이 제작되었다. 유리섬유로 만든 그녀의 이미지는 국가 이미지 마케팅과 맞물리며 전 세계 33개국에 판매되었다. 또 한편으로 1960년대 미국에서는 히피문화, 여성해방운동과 같이 기성세대에 대한 도전을 마네킹을 통해 표현하기도 했다. 기성의 문화와 성 질서로부터 완전한 자유를 추구하는 시대 분위기로 인해 자연스러운 체형의, 다양한 가슴 크기를 가진 마네킹도 나왔다. 이처럼 마네킹은 패션처럼 당시 사회와 경제, 문화의 거울이었다.

국내 여성복 마네킹을 보면 다리가 하나같이 길쭉하고 말랐다. 키 178센티미터, 가슴둘레 81.3센티미터, 허리둘레 58센티미터, 엉덩이둘레 83.8센티미터를 표준 체격으로 설정한 탓이다. 이건 실제 한국 여성의 신체표준과 현격한 차이가 있다. 기술표준원의 '한국인 표준 사이즈'를 보면 20대 여성의 평균 신체 치수가 키 160센티미터, 가슴둘레 82.2센티미터, 허리둘레 67.3센티미터, 엉덩이둘레 90.8센티미터다. 실제 표준 사이즈와의 격차가 커도 너무 크다. 미국과 유럽 각국에서는 이미 이 같은 문제점을 인식하고 강마른 마네킹을 퇴출시키고 있다. 평균 여성의 신체 이미지와 거리가 먼 마네킹이 국민들의 건강권을 침해한다는 문제가 수면 위로 떠오르고, 이 때문에 여성단체의 항의가 줄을 잇는다. 마른 몸매에 대한 압박이 섭식 장애, 식욕부진, 거식증 등 다양한 질병으로까지 이어지는 만큼 패션업계가 이에 책임의식을 가져야 한다는 의견도 많다. 실제로 건강 전문가들은 지나치게 마른 마네킹 몸매에 자주 노출되다 보면 여성들은 이상적인 몸매에 대한 기준을 잘못 갖게 되고, 이로 인해 살을 많이 빼야 한다는 강박증을 앓는다고 경고한다.

최근 스웨덴과 영국의 백화점에서는 보통 여성의 신체 사이즈를 그대로 재현한 실물 마네킹이 등장해 큰 호응을 얻었다. 스위스에서는 장애인들의 체형을 그대로 본떠 만든 장애인 마네킹을 선보이기도 했다. 노년의 이미지를 가진 마네킹도 등장했다. 다양한 형태와 다양한 사이즈의 몸을 보여준다는 것은, 한 사회 내부에서 '인간의 몸'을 둘러싼 진정한 관용의 정신을 확장시키겠다는 새로운 시도다. 다양성이 곧 '시크'의 기준이 되는 날이 머지않아 올 것이다. 몸의 다양성을 인정하고, 아름다움의 범위를 넓히는 작업은 다행스럽게도 현재 진행 중이다. 그러니 플러스 사이즈들이여, 부디 당당해지길!

아름다움의 기준은 어떻게 달라졌나

feat. 이브 생 로랑

"훌륭한 패션모델은
패션의 미래를 10년은 앞당긴다."

프랑스 패션의 자존심이라 일컬어지는 이브 생 로랑은
1960년대와 70년대를 풍미한 최고의 디자이너다.
그는 시대의 결을 거슬러,
옷과 인간에 대한 자신의 생각을 관철시켰다.
남성 턱시도에서 영향을 받아 만든
여성용 수트 '르 스모킹',

아프리카 수렵복을 일상복으로 만든 사파리룩,
몬드리안의 그림을 프린트로 떠서 만든 드레스 등
수많은 혁신과 변화를 일으켰다.
특히 그는 백인 모델 일색이던 당시 런웨이에
대머리 모델, 임신한 모델, 일란성 쌍둥이 모델, 흑인 모델을
주력으로 내세워 다양성의 아름다움을 피력하기도 했다.
그는 사회 내부의 다양한 소수자의 목소리를 들으며
패션을 통해
그들이 처한 문제에 대한 해법을 찾으려고 노력한
진정한 혁명가였다.

사람이 모델로 서는 패션쇼는 언제 처음 시작되었을까? 1868년 문화예술의 도시 파리에서 당대 최고의 디자이너들이 모여 파리의상조합이라는 이익집단을 설립했다. 이들은 상류층 고객을 위해 젊은 여성들에게 자신들이 디자인한 옷을 입혀서 선보였고, 1910년경에는 최초의 모델 쇼를 개최하기에 이른다. 이때부터 여러 패션 하우스와 그들에게 고용된 사진사는 그들이 원하는 모델을 공개 모집했다. '안개 같은 금발과 유리알처럼 반짝이는 눈, 둥근 팔과 어깨, 포동포동한 각선미'와 같은 공고문이 붙었다. 1910년대 패션모델의 미덕은 온화함이었다.

1920년대에 접어들면서 본격적으로 살아있는 모델 사진이 잡지에 등장했다. 이는 지금껏 그림으로 표현된 인간의 신체만 봐왔던 것에 비교하면 무척 획기적인 것으로 살아있는 모델은 착장 후의 느낌을 훨씬 구체적이고 사실적으로 전달할 수 있었다. 그리고 이때 코코 샤넬이란 디자이너가 등장하면서 패션모델의 기준이 바뀐다. 전에 비해 대담하고 강한 의지력을 가진 독립적인 여성의 이미지가 등장한 것이다. 코코 샤넬은 한쪽 발을 다른 쪽 발 앞에 놓고, 힙을 앞으로 기울인 채, 한 손은 주머니에 꽂고 또 다른 손은 자유롭게 몸짓을 전달하는 '코코 포즈'를 개발해 전세계에 퍼뜨렸다.

1950년대는 패션모델의 전문화 시대였다. 우아함과 정적인 아름다움 대신 개성이란 가치가 패션의 가치를 결정짓는 가장 중요한 척도가 되었다. 패션의 발랄한 측면을 드러내기 위해 디자이너 지방시는 오드리 헵번 같은 체구가 작은 말괄량이 타입의 모델을 선호했고, 발렌시아가는 순수함을 강조하기 위해 평범한 모델을 썼으며, 피에르 가르뎅은 동양적인 여성미를 드러내기 위해 히로코 마츠모토란 일본계 모델을 기용했다. 이후 1970년대 패션계에는 큰 변혁이 일어난다. 백인 중심의 미의식이 지배적이던 기존의 틀을 깨고 이국적인 미를 가진 모델들이 속속 등장한 것이다. 올해 61세가 된 소말리아 태생의 슈퍼모델 이만이 당시에 주목 받던 모델 중 하나였다. 그 외에도 1974년에는 베벌리 존슨이 미국판 〈보그〉지 최초의 흑인 모델이 되면서 파란을 일으켰다.

패션의 이미지와 메시지는 이를 전달하는 패션모델의 이미지에 지배된다. 19세기 중반 유럽의 궁정에서 시작된 유럽의 패션산업은 이제 전 세계를 무대로 하고 있지만, 그 메시지를 전달하는 모델의 기준에는 여전히 백인 중심의 미적 기준이 견고하게 뿌리내리고 있다. 파리나 밀라노, 뉴욕 컬렉션에 오르는 모델의 98퍼센트가 백인인 점만 봐도 그렇다. 유색인종 모델은 아직도 작은 틈새를 메우는 역할을 할 뿐이지만, 최근 패션계가 모델의 다양성에 관심을 두고 이를 반영하고 있다는 점은 무척 고무적인 일이다.

패션은 항상 시대와의 대화를 시도하며 다원적 가치를 향해 걸어왔다고 할 수 있다. 그런 면에서 런웨이 공간은 일종의 대화의 장이다. 그곳에서 우리는 다양한 가치관이 옷을 통해 번역되는 과정들을 확인할 수 있다. 그중에서도 나는 영국의 패션 디자이너 알렉산더 맥퀸의 1999년 봄/여름 패션쇼를 잊을 수가 없다. 1996년 장애인 올림픽에 출전한 여성 육상선수 에이미 멀린스를 모델로 세운 것이었다. 선천적으로 종아리뼈가 없이 태어나 한 살 때 두 다리를 절단한 그녀를 위해 맥퀸은 멋진 의족을 만들어주었고, 그녀는 그 의족을 차고 당당하게 런웨이를 활보했다. 이는 '늘씬하고 예쁜 모델만 런웨이에 설 수 있다'고 믿었던 기존의 '특정한 신체와 미의식의 기준'을 과감하게 깨뜨린 사건이었다.

패션모델은 한마디로 한 벌의 옷에 담긴 미를 규범화하는 존재다. 문제는 이러한 규범화가 다양성보다는 균일화와 표준화를 초래한다는 점이다. 이 점이 모델의 몸을 선망하는 이들에게는 자신의 몸을 지속적으로 측정하고 교정해야 하는 '프로젝트'로 받아들이게 만든다. 그것도 아주 당연히. 몸을 둘러싼 갈등은 모델사회 내부에서도 종종 발생해 많은 이들이 거식증과 같은 섭식 장애에 시달리는 일이 잦아졌다. 이로 인해, 2015년 프랑스에서는 마른 모델을 퇴출시키겠다는 내용을 담은 법안이 통과되었다. 체질량 지수가 일정 수준 이하인 모델은 패션쇼에 설 수 없고, 이를 위반할 경우 최대 징역 6개월 또는 7만 5,000유로(약 9,400만 원)의 벌금형에 처한다고 구체적으로 명시까지 해놓았다.

요즘 나는 로드Lorde라는 영국의 모델 에이전시 사이트를 자주 들른다. 캐나다 출신의 예술사 전공 대학원생 나피사 캡타운와라가 2014년 5월에 설립한 모델 캐스팅 에이전시다. 이곳에 올라온 모델들의 프로필 사진을 볼 때마다 설렌다. 이 사이트에는 다양한 인종의 패션모델 프로필이 올라와있다. 머리를 길게 땋은 흑인모델에서부터 광대뼈가 튀어나왔지만 깊은 눈매를 가진 중남미모델도 보인다. 놀라운 건 60여 명의 모델 중 백인은 단 한 명도 없다는 것이다. 신생 모델 에이전시라고 절대 무시해선 안 된다. 〈I-D〉 같은 세계 유수의 잡지들과 활발하게 작업 중이니 말이다.

여담으로 하는 말이지만, 나는 외국 패션모델들을 볼 때마다 한 가지 부러운 점을 느낀다. 외국 모델들은 대개 모델로서의 역할을 마치고 나면 다양한 사회활동을 하는 경우가 많다는 것이 그렇다. 1980년대 샤넬의 전속 모델에서 아트 디렉터, 패션 저널리스트로 변신하여 심플한 라이프스타일의 비전을 전 세계에 전파한 파리지엔의 아이콘 이네스 드 라 프레상쥬부터, 전직 모델 출신으로《당신의 아름다움은 얼마입니까》란 책을 쓴 작가이자 현재 미국 보스턴대 사회학과 교수인 애슐리 미어스까지 모델이란 역할을 넘어서 패션에 대해 깊이 있는 담론과 사유를 끌어낸 경우를 많이 볼 수 있다. 우리에게도 이런 실천적이고 몸으로 경험한 것을 이론화하여 이야기로 들려줄 수 있는 사람이 있을까? 안타깝지만 아직 존재하지 않는다. 패션모델이든 디자이너든 혹은 재단사든 그 누구든간에 이런 분들이 써낸 두텁고 통찰력 있는 책이 나오는 걸 꼭 한 번이라도 보고 싶다. '누구누구의 옷 입기 비결', '프렌치 시크 따라잡기' 같은 책들 말고 말이다.

메이크업 유어 마인드

화장에 관한 괴테의 날카로운 조언

feat. 윌리엄 버틀러 예이츠

만일 내가 눈썹을 짙게
눈 주위를 더 밝게 하고
입술을 더 빨갛게 하여
허영이 드러나지 않는 거울을 이쪽저쪽으로 바라보며
잘 어울리는가를 살펴보고 있다면,
이 세상이 만들어지기 전의 내 얼굴을 찾고 있는 거여요.

아일랜드의 시인 겸 극작가인 예이츠는
〈이 세상이 만들어지기 전〉이란 시에서

화장의 행위를 통하여 세상이 만들어지기 전의 내 얼굴,
즉 신이 창조한 최초의 모습을 찾을 수 있다고 말했다.
그는 화장을 영원한 미의 원형으로 돌아가기 위해
하는 것이라며 여성의 메이크업을 옹호했다.
즉, 화장은 현재 자신의 모습이 아닌
원래의 자신으로 돌아가려는
인간의 순수한 열망이라는 것이다.

2015년 말 CNN에서 '왜 한국 남자는 화장품에 펑펑 돈을 쓰는가'라는 제목의 보도가 있었다. 놀라운 사실은 한국 남성의 피부미용제품 소비량이 세계 1위라는 것이다. 이는 2위를 차지한 덴마크에 비해 네 배 정도의 차이가 나며, 특히 군인들이 저자극 위장크림과 훈련 후 바르는 피부미백제품을 많이 산다고 CNN은 보도했다. 경기 불황에도 자신을 위한 투자에 돈을 아끼지 않는 한국의 '그루밍족'은 점점 늘고 있다. 남성용 화장품의 시장 규모는 전 세계적으로 3조가 조금 넘는데, 한국, 중국, 일본이 그중 65퍼센트를 차지한다고 한다.

화장하는 '남자'의 역사는 생각보다 오래되었다. 로마 시대의 역사가 오비디우스가 쓴 《사랑의 기교Ars Amatoria》에는 여드름 제거를 위한 팩을 만드는 방법이 소개되어있고, 역사가 플리니우스는 얼굴을 하얗고 밝게 빛내주는 미백 팩 제조법을 전하기도 했다. 그에 따르면 이 팩은 콩가루와 맷돌로 간 보리, 달걀, 포도주의 앙금, 사슴뿔 가루, 수선화 구근, 벌꿀을 섞어 만든다. 이 화장술은 여성뿐 아니라 당시 로마 원로원의 정치가들, 즉 남성도 많이 사용했다. 일설에 의하면 로마황제 네로도 밤낮없이 이 팩을 붙였다고.

루이 14세 통치 시절 궁정의 남성도 여성처럼 화장을 했다. 왕을 비롯한 귀족의 몸은 남녀 할 것 없이 이 땅에서 신의 장려함을 드러내는 거울이라고 믿었다. 이때부터 남자의 화장은 자신의 몸을 통해 세속권력을 드러내는 기술이 된다. 16세기 바로크 시대에는 클렌징 팩이라는 미용법이 본격적으로 등장했다. 이 팩을 유행시킨 사람은 프랑스의 앙리 2세로, 우유의 주성분인 카세인을 이용해 미백과 클렌징 효과를 동시에 얻었다.

미용 팩 역사의 획기적인 발전은 오랜 실험실 생활로 피폐해진 피부를 되살리고 싶었던 한 남자에 의해 이루어졌다. 1906년 오스트리아 화학자였던 바르트는 파라핀을 이용해 전 세계인의 사랑을 받는 킬러 아이템을 만들었다. 원유를 정제할 때 생기는, 희고 냄새가 없는 반투명한 고체인 파라핀은 15도 정도로 식히면 진주와 같은 얇은 막이 되는데, 그것을 붙이면 얼굴색이 뽀얗고 맑게 되는 것에 착안해 팩을 만든 것이다.

고대부터 화장을 하는 데 있어 가장 중요시한 것은 흰 피부였다. 미백은 어느 시대나 화장법에서 늘 우선순위로 여겨져왔다. 좀 엉뚱한 이야기 같지만 1920년대 한국의 〈신여성〉이란 잡지에는 당시 '모던걸'이라 불리던 여성들의 모습이 잘 소개되어있다. 해외 유학을 하거나 고등학교를 마친 여성을 신여성으로 분류했는데 그녀들의 욕망은 현재와 다르지 않다. 한 기사에는 '예술지상주의자이며 열정적인 사랑을 꿈꾸는 나, 꽃미남을 원해요'라는 플래카드를 들고 남자를 찾는 여자들의 이야기가 나온다. 하얀 피부에 고운 남자를 좋아하는 건 동서양 모두의 이치인가 싶다.

화장은 크게 기초화장과 색조화장으로 나뉜다. 색조화장이 얼굴에 다양한 색을 주어 특정 부위를 작거나 크게 보이게 해주고 개성적인 표현을 도와준다면, 기초화장은 영양공급을 위한 플러스적 화장과 노폐물을 비롯해 불필요한 요소를 제거하는 마이너스적 화장의 기능을 한다. 최근 기초화장품의 화두는 단연 후자다. 환경오염으로 인한 피부의 노폐물, 각질 제거에서부터 노화로 인한 주름 제거 등 화장과 관련된 가장 큰 관심사는 온통 '제거 시리즈'다. 남성용 화장품 또한 후자의 바람을 타고 발전했다.

꾸미고 가리기 위함이 아니라 건강한 아름다움을 지키기 위한 행위임에도 불구하고 여전히 화장하는 남자에 대한 시선은 곱지 않다. 남자답지 못해서라는 이유에서다. 그런데 이런 생각에 일침을 가한 작가가 있다. 독일의 대문호 괴테다. 그는 자신의 소설 《빌헬름 마이스터의 수업시대》에서 "남자들은 자연이 낳아준 그대로의 자신만으로도 여자의 사랑을 받을 만한 가치가 있노라고 우쭐해한다."며 작품 속 한 부인의 목소리를 빌려 외모를 가꾸지 않는 것이 남성적이라고 자부하는 남자의 근거 없는 자신감을 꼬집는다. 괴테에게 화장은 내적으로 자신을 만들어가는 교양의 일환이었다. 그는 화장을 통해 인간이 자신에 대한 외경심을 키우는 일이 중요하다고 주장했다.

화장을 안 해서 이상한 여자, 화장을 해서 이상한 남자는 없다. 문제는 남자의 화장을 바라보는 사회적 담론의 수준이다. 남성들의 화장에 관한 학자들의 해석은 대부분 '외모만이 마지막 경쟁무기'라는 지점에 머물러있다. 과연 이러한 해석만이 전부일까? 현대의 뇌 과학은 이에 색다른 해석을 시도한다. 뇌 과학 연구에 따르면 남녀 모두 화장을 하는 건 뇌가 화장의 힘에 끌리기 때문이라고 한다. 화장을 한 타인의 얼굴을 보는 순간, 인간은 그 모습을 '그렇게 되고 싶은 자신'으로 인식하고, 그 기대에 근거해서 화장에 빠진다고 한다. 즉, 타인의 존재를 전제로 평소의 자신과 다른 사회적 자기를 구축하려는 행위라는 것이다.

화장에는 사회적 효과뿐만 아니라 심리적인 효과도 있다. 인간은 화장을 통해 얼굴의 좌우 차이를 줄여 대칭적으로 보이게끔 노력한다. 인간은 좌우대칭에서 미의 본질인 '조화'와 '우아함'을 발견한다. 또한 화장을 통해 거울에 비친 자연스런 내 얼굴과 타인의 눈에 보이는 내 얼굴 사이의 '거리감'을 좁힐 수 있다. 결국 화장이라는 행위는 단순히 표면적인 꾸밈을 넘어 근본적인 자신의 상, 특히 타인과의 관계 속에 있는 사회적 자아를 형성하는 작업이다. 화장을 통해 인간관계가 개선되고 의사소통 능력까지 높아진다니 놀랍지 않은가. 더 흥미로운 사실은, 거울을 보며 화장을 할 때 뇌파의 움직임이 활발해진다는 점이다. 이처럼 화장은 얼굴을 가꾸는 데 그치지 않고 나아가 뇌를 즐겁게 하며, 내면을 비옥하게 살찌우는 일이다. 이런 이유가 있기에 남자들의 화장은 당연히 아무런 죄가 없는 게 아닐까?

향기로 기억되는 사람
◦◦◦◦◦◦◦◦◦◦◦◦◦◦◦◦◦◦◦◦◦◦◦◦◦◦◦◦◦◦◦◦◦◦◦

나는 어떤 향기를 지녔을까?

feat. 가와바타 야스나리

지상의 말라빠진 꽃향기는 하늘로 올라가서,
지상에서와 똑같은 꽃을 그곳에 피웁니다.
영계의 물질은 모두 지상에서 피어올라간 향기로
만들어지는 것입니다.
사람의 영혼도 향기의 실처럼 천천히 시체에서 피어올라,
그것이 천상에서 한군데로 뭉쳐지면
지상에 남겨놓은 육체를 본뜨듯
그 사람의 영혼의 신체를 만들어냅니다.
그러므로 저승에서의 사람의 모습은
이승에서의 그것과 똑같아지는 것입니다.

노벨문학상 수상작가인 일본의 가와바타 야스나리는
희곡 〈서정가〉에서 묵직한 질문 하나를 던진다.
그는 세상의 모든 서정시는 식물의 운명과 인간의 운명이
닮았다는 것을 깨닫는 데서 출발한다고 말한다.
꽃에서 추출해낸 향을 몸에 입는 인간은
세상을 향해 사랑의 시를 짓는다.
향은 인간을 추억하는 매개가 될 뿐만 아니라
하늘 저편과 바로 이곳의 나를 연결해주는 매개가 된다.
마치 씨실과 날실이 된 듯
천상에서 내 모습을 직조하는 것이다.
나는 이 지상에서 어떤 잔향을 가진 인간으로 기억될 것인가.
한번 자문해봐야겠다.

며칠 전 아내를 위해 향수를 샀다. 이 향수의 특징은 각각의 향을 갖고 있는 다섯 개의 향수 중 사용자가 원하는 향을 섞어서 자신만의 향을 만들어 쓸 수 있다는 점이다. 우리가 옷을 입을 때 여러 스타일의 옷을 겹쳐 입음으로써 특유의 매력을 발산해내듯, 향도 겹쳐 입을 수 있다. 향을 겹쳐 입는다는 의미는 '향수를 뿌리다'를 영어로 'wear perfume'이라고 표현하는 것만 봐도 쉽게 이해할 수 있을 것이다.

향수의 유래가 되는 향료는 향기 나는 식물의 수지나 나무, 풀을 태워서 그 향을 몸에 훈증하듯 입히는 것이었다. 오랜 시간의 훈증을 통해 향을 옷처럼 몸에 입는 것이었다. 연기의 미세한 입자가 마치 직물의 씨실과 날실처럼 직조되어 인간을 위한 한 벌의 옷이 된다는 것이 놀랍지 않은가?

향수를 뜻하는 'perfume'은 '연기를 통하여'라는 의미의 라틴어 'per fumare'에서 왔다. 여기서 궁금한 것 하나, 그렇다면 인간의 몸은 연기를 통해 어떤 옷을 입는 것일까? 향의 근원이 되는 꽃들은 자신만의 향을 통해 꽃가루를 매개해줄 곤충을 끌어들인다. 수컷 꿀벌들은 난초 꽃잎을 긁어 채집한 향을 암컷을 성적으로 유인하는 물질로 전환해 쓴다. 이는 다음 세대의 종자를 증대하기 위한 신호를 보내는 전략적 행위다. 향은 꽃과 곤충 사이의 사적이고 은밀한 의사소통의 창구다. 꽃의 상층부가 머금은 향기 분자가 그 표면을 떠나 공기와 뒤섞이면 벌을 비롯한 곤충들은 시각과 기억, 학습에 힘입어 향기를 내는 꽃을 찾아간다. 진화론적으로 자연선택에 의해 연마된 곤충들의 후각능력은 4억 년 이상을 걸쳐 형성된 것이라고 한다. 우리 인간이 각자의 향과 체취에 따라 누군가에게 이끌리는 건 태곳적부터 이어진 본능인지도 모르겠다.

냄새는 지각, 감정, 인지적 과정과 행동에 이르기까지 인간의 다양한 심리적 작용에 영향을 미친다. 18세기 프랑스의 계몽주의 철학자 루소는 《에밀》에서 '후각이란 상상의 세계에 영향을 주는 감각'이라며 향에 대한 옹호론을 폈다. 상상을 통해 인간의 삶에서 가능성의 다양한 영역을 확장할 수 있듯, 상상을 촉발하는 향은 그 자체로 세계를 향해 닫혀있는 나를 여는 열쇠인 셈이다. 이를 옷과 비교해 생각해보자. 옷은 그 자체로 시각적 자극물이며, 옷을 이루는 직물의 바스락거리는 소리, 표면을 만질 때 느껴지는 감각 등 시각과 청각, 촉각과 같은 다면적 감각의 세계를 표현한다. 그럼 옷이라는 공감각적인 세계에 인간의 원초적인 본능인 후각이 결합되면 과연 어떤 변화가 일어날까? 바로 '우아함'이라는 탁월함의 상태에 이르게 된다.

코코 샤넬은 일찍이 "향수의 도움 없이는 우아함이란 불가능하다."라고 했다. 20세기 최고의 디자이너로 꼽히는 그녀는 자신만의 향기를 만들기 위해 러시아 왕실의 조향사였던 어네스트 보에게 향수 제작을 의뢰한다. 그리고 마침내 1921년 5월 5일, 전설적인 향수를 출시한다. 바로 전 세계 향수 산업에 혁신을 불러일으킨 샤넬 No.5다. 자신이 개발한 향수를 코에 갖다 대며 샤넬은 이런 말을 남겼다고 한다. "향기가 없는 여자에게는 미래가 없다."

향기는 사람과 사람 사이에 교감이 이뤄지게 하고, 타인에게 긍정적인 인상을 남기는 데 도움을 준다. 사람들은 향기를 통해 자신의 청결함, 사회적 지위, 성격, 취향 등을 타인들에게 미세한 방식으로 전달한다. 풀과 나뭇잎을 연상시키는 향은 상쾌함을 느끼게 하고, 결국 타인으로 하여금 이 향기를 입은 사람을 상쾌한 느낌의 사람으로 인식하게 해준다. 또 장미와 재스민 향은 여성적인 느낌을 주고, 바닐라 향은 세련되고 고상한 느낌을 안겨준다. 식물성과 동물성을 결합한 향은 신선하고 차가운 느낌을, 아이리스를 이용한 향은 벨벳처럼 관능적이고 부드러운 느낌을 발산한다.

조향사들은 시간과 온도의 변화에 따른 향의 변화를 '노트note'란 단어를 써서 표현한다.

탑 노트란, 향수 용기를 개봉하거나 피부에 뿌릴 때 처음 맡는 향의 느낌을 뜻한다. 탑 노트는 주로 감귤 껍질이나 생강 뿌리를 사용해서 날카롭고 신선한 향으로 만든다. 그 다음에 느끼는 미들 노트는 향수의 구성 요소들이 조화롭게 배합을 이룬 중간단계의 향을 의미하는데, 뿌린 후 30분에서 한 시간 뒤에 그 향이 드러나기도 한다. 이렇게 시간이 걸리는 이유는 탑 노트가 증발하면서 향수의 심장이라 할 수 있는 세련되고 그윽한 중간 향이 드러나는데, 문제는 이 향 입자들이 향수 사용자 주변의 허공으로 나가기를 망설이기 때문이란다. 마지막으로 느껴지는 향은 베이스 노트다. 향수를 뿌린지 두세 시간이 흐르고 모든 향이 날아가기 직전의 잔향을 뜻한다. 가장 나중에 나오는 베이스 노트는 체취와 향이 조화롭게 섞이면서 자신만의 독특한 향취를 발산한다.

노트라는 단어에는 우리가 익히 알고 있는 메모, 편지, 말투, 생각이라는 뜻 말고도 음악의 음표와 같은 의미가 담겨있다. 이러한 노트에 담긴 의미에서 유추할 수 있듯이 향수를 뿌린다는 건 그저 좋은 냄새를 몸에 입히는 것을 넘어, 한 인간의 인상을 음악처럼 작곡하는 일이다. 향의 변화를 인간의 이해에 접목해보면 어떨까? 향의 운동성은 인간이 타인을 향해 자신을 보여주는 과정과 매우 닮아있다. 우리는 늘 타인에게 선명한 첫 느낌을 전달하길 원한다. 하지만 관계가 조금씩 진척될수록 우리는 자신의 내면을 타인에게 드러내 보여야 할지 말아야 할지 망설이게 된다.

신선했던 첫인상, 몇 번의 만남을 통해 발견되는 한 인간의 이미지와 성격, 그리고 지속된 만남과 교류를 통해 비로소 알게 되는 한 인간의 진짜 모습과 내면은 마치 향기의 탑 노트, 미들 노트,

베이스 노트와 같다. 이렇게 향수의 발향과정은 우리에게 사람과 사람이 서로 만나 관계를 맺을 때, 시간에 따라 발산해야 할 향, 즉 우리 내면의 묵직한 본질을 말해준다.

확신이 서지 않으면 레드를 입어라

feat. 빌 블라스

"어떤 옷을 입을지 확신이 서지 않으면
빨간 옷을 입어라."

미국의 패션 디자이너 빌 블라스는 "확신이 서지 않으면
빨간 옷을 입어라."는 유명한 말을 남겼다.
그의 저 간략한 한마디만큼 색의 힘을 잘 표현한 말이
또 있을까? 색은 인간의 인상을 조종할 뿐만 아니라,
나아가 옷을 입은 인간의 감정을 증폭시킨다.
그중에서도 빨간색 의상은

그 자체로 생기를 불어넣어 주고,

지금 내가 '이 자리에 있음'을 표명하는 강력한 힘이 된다.

남성이 빨간색 옷을 입은 여성을 볼 때

섹시하다고 느낀다는 것을 뒷받침해주는 실험들이

널리고 널렸다는 것만 봐도 빨간색은

분명 오묘한 마력을 지닌 색임에 틀림없다.

'외모appearance'란 얼굴의 형태, 피부색, 모발의 색, 눈동자의 색, 제스처 등을 포함하는 광범위한 개념이다. 이 '외양'은 나와 타인 사이에 '인상'이란 내면적 도장을 찍는다. 패션은 인류 역사에서 인간이 발명한 가장 정교한 인상관리 체계다. 이 인상관리에서 머리칼의 색, 피부색, 눈동자 색에 기초한 개인이 지닌 고유한 색을 찾는 일은 무엇보다 중요하다. 각 개인의 외모와 이미지를 부각시켜주는 가장 적합한 색을 찾아낸 후 그것을 스타일링에 접목시켜야 하기 때문이다. 색은 우리가 스스로를 느끼고 평가하는 방식이나 타인이 우리에게 반응하는 방식에 영향을 미친다. 색이 우리의 얼굴을 연주하는 것이다.

현악기의 현 아래 놓인 얇은 나무판을 공명판이라 한다. 공명판은 현의 떨림을 증폭시키고 악기의 음색을 좌우한다. 공명판이 너무 크면 귀에 거슬리는 고음이 나오고, 너무 작으면 깊은 저음을 내지 못한다. 이렇게 공명판이 소리의 맵시를 결정하는 것처럼 옷도 소리를 낸다. 직물의 재질감이 만들어내는 소리에는 '나는 누구다'라는 메시지가 담긴다. 캐시미어를 입을 때와 실크를 입을 때, 혹은 벨벳을 입을 때, 직물이 우리의 몸과 접촉하며 내는 소리와 메시지는 각각 다르다. 이때 메시지의 특성을 결정하는 옷의 공명판이 색채다. 색채는 옷의 형태와 소재의 질감, 실루엣에 영향을 미친다. 우리가 매장에 진열된 특정한 옷에 끌리는 데는 색이 큰 힘을 발휘한다. 색이 우리의 귓가에 대고 말을 걸기 때문이다. 색은 또한 표현의 기능을 갖고 있다. 미처 용기가 없어 말하지 못했거나 표현하지 못했던 것들을 안으로부터 끄집어내도록 격려해준다.

르네상스 시대에 색은 패션과 정교하게 결합한다. 이 시기의 사람들은 자신의 삶을 스스로 만들어갈 수 있다는 믿음을 갖기 시작했다. 중세시대까지만 해도 사람들은 스스로를 인종, 민족, 파벌, 가족, 조합 등의 일원으로만 의식할 뿐 '개인'이라는 존재를 특별히 생각하지 않았다. 그런데 13세기 말경 베네치아와 피렌체를 비롯한 문화 중심지에서 자신의 고유성을 표현하는 일이 사회적으로 용인되기 시작하면서 부유한 시민들을 중심으로 개인의 고유성을 중시하는 사상이 퍼지기 시작했다. 이들은 타인에게 자신을 표현할 때도 직접적으로 표출해야 할 때와 간접적으로 발산해야 할 때를 익혔다. 새로운 사회의 상류층이 되기 위해 섬세한 사회적 코드를 습득하고 연마하는 데 온 힘을 쏟은 것이다.
이 시기에 자아 만들기self-fashioning의 기술이 중요하게 여겨지면서 색채는 강력한 영향력을 발휘했다. 색은 본격적으로 인간의 감정과 사회 계층, 문화적 성향을 드러내는 변별적 지표가 된다. 초록색은 사랑을, 회색은 슬픔을, 황색은 적대감을, 청색은 충성을, 빨간색은 고귀함을 드러냈다. 르네상스 시대의 사람들은 색을 선택하는 데 있어 매우 섬세했다. 직물의 표면처리에 따라 같은 색이어도 다른 느낌을 낸다는 걸 알고 있었던 것이다. 이는 곧 색의 미세한 뉘앙스가 인간의 이미지를 무한하게 변화시킨다는 걸 알고 있었던 셈이다. 그래서일까, 르네상스인들은 염색의 달인이었다. 검정색의 경우, 광택이 나는 검정과 무광택의 검정을 만들어낼 줄 알았다. 광택이 있는 샤이니블랙의 경우는 성적으로 섹시하고 대담한 느낌을 빚어내는 반면, 광택이 없는 매트블랙은 차분하고 절제된 느낌을 전한다. 르네상스인들은 동일한 색을 색조를 통해 미세하게 나누고, 옷의 겹쳐 입기를 통해 개성을 표현하고 다양한 자아를 만들었다. 이는 동양에서도 마찬가지였다. 동일한 색을 미세한 뉘앙스로 나누어 사용함으로써 인간 내면의 깊이를 끌어냈다.

패션 브랜드 꼼 데 가르송COMME des GARÇONS의 디자이너 가와쿠보 레이는 검정색의 미세한 뉘앙스를 통해 일본인의 정체성과 색채감각을 드러내는 걸로 유명하다. 그는 "나는 세 가지 색조의 검정색 속에서 작업한다."라는 말을 남겼다. 왜 검정색일까? 일본의 소설가 다니자키 준이치로는 《그늘에 대하여》라는 에세이에서 일본인이 검정색에 애착하는 이유에 대해 다음과 같이 이야기한다.

"때나 그을음, 비바람의 더러움이 붙어있는 것, 내지는 그것을 생각나게 하는 색조나 광택을 사랑하고, 그런 건물이나 가구 가운데 살고 있으면 기묘하게 마음이 풀리고 신경이 편안해진다."

일본인들은 전통적으로 빛의 이면인 '음영shadow'에 끌렸다. 그 늘은 오랜 세월의 두께가 묻어 거슴츠레하게 내는 사물의 빛이다. 고색창연함이라고 풀면 이해하기 편하겠다. 일본인들은 이 음영의 색인 검정이야말로 세상의 모든 색을 품을 수 있고, 숙성시킬 수 있는 힘을 지녔다고 믿었다. 가와쿠보 레이가 "빨강은 블랙이다."라는 말을 한 것도 바로 그런 이유에서였다. 그가 세 가지 색조의 검정을 가지고 작업을 한다는 말은 검정이 품고 있는 다양한 정체성의 빛깔을 옷을 통해 드러내겠다는 뜻일 것이다.

색조 이야기가 나온 김에 하나 더 덧붙이자면, 나는 45R이란 일본의 패션 브랜드를 좋아한다. 이 브랜드는 데님을 일본의 전통 쪽염색 방식을 이용해 만드는 걸로 유명하다. 에도 시대부터 일본의 귀족과 사무라이들은 칼에 베인 상처를 낫게 하고, 벌레를 물리쳐주는 쪽염의 힘에 빠졌다. 이 브랜드의 수석 디자이너인 이노우에 야스미는 전통 기모노를 제작하는 장인가문 출신이다. 그녀는 현재 일본 내 생존해있는 쪽염 장인 다섯 명 중 한 명을 초빙, 약 1년에 걸쳐 쪽염색을 한다. 이들은 실 한 가닥 한 가닥을 손으로 일일이 염색하는 선염 방식으로 작업을 하는데, 이는 직물을 짠 후 통으로 염색하는 후염에서는 느낄 수 없는 풍성하고도 미려한 색감이 있다. 45R 브랜드는 이 방식으로 22가지의 독창적인 청색의 스펙트럼을 만들어낸다. 청색은 시간과 지리적 제약을 넘는 보편적인 색상이다. 데님은 세탁할 때마다 조금씩 색이 빠지면서 고색창연한 느낌을 가져다준다. 이는 한 개인의 개성의 확장으로도 연결된다. 전통기술을 이용하여 개인의 개성을 창조할 수 있도록 한 것. 바로 이 브랜드의 성공 비결이다.

현대의 많은 패션 브랜드들도 색을 통해 자신의 정체성을 표현한다. 색은 자신을 알리는 목적을 넘어 사회 내부의 특정 가치관을 가진 집단과 연합하겠다는 의지를 보여준다. 라코스테의 초록색은 전통과 혁신을 동시에 포용하는 중상층 고객에게 호소한다. 서양에서 녹색은 비옥함과 신성함을 상징하는 빛깔이었다. 반면 루이비통의 갈색은 장인의식의 현대적 재해석이라는 그들의 정신을 표현하기에 적절한 빛깔이다. 사양길로 접어드는 마구馬具생산업체에서 출발한 루이비통은 이동성과 여행이 일상의 모습이 되어가던 19세기 후반 여행용 트렁크와 여인들이 도시를 활보할 때 가지고 다닐 수 있는 시티 백을 만들면서 인기를 끌었다. 루이비통의 상품은 전통에 탄탄하게 토대를 두고 묵묵하게 현대의 조류에 적응하겠다는 소비자들의 열망을 대표한다. 이렇게 색은 인간의 숨은 감정을 드러내고, 옷맵시에 나만의 목소리를 더하며, 나와 함께할 수 있는 이들을 한데 묶어주는 '보이지 않는 힘'이다.

핸드메이드
ㅇㅇㅇㅇㅇㅇㅇㅇㅇㅇㅇㅇㅇㅇ

명품을 만드는 손의 비밀

feat. 앤드루 볼턴

"손과 기계 사이,
인간의 마음은 거기에 있다."

앤드루 볼턴은 뉴욕 메트로폴리탄 미술관 내
복식연구소의 수석 큐레이터이다.
그는 최근 '손과 기계 : 기술시대의 패션' 전을 기획했다.
여기서 인용된 말은 이 전시의 핵심적 가치를
전달하기 위해 그가 만들어낸 말이다.
이 전시는 맞춤복과 기성복의 발전과정에서

손과 기계가 서로 적대적인 관계를 맺기보다,
변증법적으로 서로를 도우며 발전해왔다는 것에
초점이 맞춰져있다.
19세기 중반 재봉틀이 발명된 이후부터
이어진 파리 패션산업의 발전 역시
손과 기계라는 두 힘이 서로를 지탱해주며
디자인상의 문제들을 해결하고,
새로운 디자인을 개발하는 과정을 통해 꽃을 피웠다.
손은 인간을 개성을 가진 배타적인 존재로 만들어온 반면,
기계는 대중화의 길을 열기 시작하며
패션의 민주화를 이뤄냈다.
이 두 가지는 서로 충돌하는 것이 아니라 함께하면서
서로의 영역을 확장해간다.
즉, 손은 기계라는 제2의 손을 통해
인간의 마음을 향해 다가간다.

사람들은 프랑스 패션이라고 하면 흔히 오트쿠튀르를 떠올린다. 프랑스는 이 용어를 디자이너 이익단체인 '파리의상조합'을 통해 법적으로 보호한다. 조합에 가입된 하우스가 되기 위해서는 갖추어야 할 필수조건이 있다. 파리에 작업실을 갖고 있어야 하고, 최소 20명의 상근 재단사를 두어야 한다. 매 시즌마다 35벌 이상의 디자인을 선보여야 하는 것은 기본이요, 이브닝드레스의 제작엔 300시간, 주간용 의상제작엔 90시간 이상을 투자해야 한다. 또 반드시 해당 옷을 위해 맞춤 주문된 소재 및 부자재를 사용해야 한다.

샤넬 하우스는 1919년 첫 컬렉션을 선보이면서 린턴 트위즈Linton Tweeds란 직물회사와 인연을 맺은 이후로 지금껏 관계를 유지하고 있다. 여자들이 너무나 좋아하는 샤넬의 트위드 재킷은 이곳에서 독점으로 제작하는 15~40개의 패턴을 통해 만들어진다.

파리의상조합은 오트쿠튀르 조합에 가입하는 조건을 굉장히 까다롭게 규정하고, 이미 가입한 곳이라 하더라도 이런 조건을 충족시키지 못할 때는 회원 자격을 박탈한다. 까다로운 규모와 조건을 모두 만족시킨 디자인 하우스는 마지막으로 바느질을 통해 완벽한 의상을 구현해내야 한다. 정성스레 옷의 솔기 선을 따라 바지런히 바늘을 움직이고, 구슬과 레이스를 달고, 자수를 놓으며 극도로 섬세한 디테일을 옷에 담아낸다. 그렇게 해서 독창성과 예술성, 장인정신이 깃든 한 벌의 옷이 만들어진다.

영국 런던의 중심가 리젠트 스트리트의 '새빌로Savile Row'에는 수제 맞춤 양복점들이 즐비하다. 이 지역에서 제작되는 양복을 '비스포크Bespoke 슈트'라고 부른다. 비스포크는 미리 만든 패턴에 의존하기보다 고객의 치수를 직접 재고 몸을 따라 재단해서 만든다. 줄자로 치수를 측정하고 어깨와 팔, 허리와 엉덩이의 곡선을 꼼꼼히 살피며, 가봉과 보정을 거듭한다. 비스포크 양복은 한마디로 남성복의 오트쿠튀르다. 재단사는 1년이 넘는 시간 동안 수십 차례의 가봉과 보정 과정을 거쳐 최적의 맞음새를 찾기 위해 고객과 끊임없이 대화한다. 고객의 체형뿐만 아니라 관심사가 무엇인지, 취향이 어떠한지, 이들이 나누는 대화는 재단사의 손을 통해 고스란히 옷에 덧입혀진다. 1906년 설립된 '앤더슨 앤 셰퍼드'는 1924년부터 현재까지 이곳에서 거래한 모든 고객의 데이터를 일일이 수기로 기재한 원장을 간직하고 있을 만큼 전통을 고수한다. 이런 곳에선 재단사와 고객 사이에 신뢰 관계가 형성될 수밖에 없다. 이러한 신뢰를 바탕으로 만들어진 옷에는 대량생산 방식으로 흉내 낼 수 없는 착용자의 스타일과 기품이 서린다.

고대 그리스시대, 인간은 아레테arete라 불리는 최고의 경지, 즉 탁월함을 향해 나아가는 것을 미덕으로 삼았다. 탁월함의 근원은 기능을 숙달하는 데 있었다. 기능을 익히는 과정은 손과 머리를 같이 쓰면서 상상력을 자극하고 활용하는 과정이다. 그리고 '장인의식craftsmanship'은 이 과정에서 잉태된다. 장인의 숙련된 지식은 중세 길드를 중심으로 자신의 휘하에 있는 도제들에게 평균 6~8년의 시간을 두고 전수되었다. 직인들은 최종 시험을 통과한 이후에야 자신의 이름으로 공방을 낼 수 있었다. 최종 시험은 그들이 지금껏 배운 기술과 지식을 총동원하여 장인을 압도하는 제품을 만들어내는 것. 이때 합격한 장인master이 만들어 낸 물품piece을 '마스터피스'라고 불렀다.

18세기 영국에서 시작된 산업혁명으로 방적기 등 대량생산이 가능한 기계가 보급되고 영국 면직물산업의 생산성이 급격히 향상하자, 유럽 각국은 오늘날 저가공세를 펼치는 중국산 제품처럼 자국 시장에 범람하는 영국산 제품과 피나는 경쟁을 벌여야 했다. 19세기 말에는 이러한 대량생산과 기계만능주의에 대한 반발로 화가이자 공예가, 평론가였던 윌리엄 모리스가 미술공예운동Arts & Crafts Movement을 주도했다. 그는 옷뿐만 아니라 가구, 집기, 제본, 인쇄 등 응용미술의 여러 분야에서 '핸드메이드'가 지니는 아름다움을 회복하고 중세시대의 장인들이 물품을 제조하던 방식과 미학을 고집했다. 손의 노동과 장인정신이 깃든 미술공예운동이 산업혁명 후 쏟아지던 기계화 초기의 조잡한 물품들로 인해 훼손된 인간정신을 고양할 수 있다고 믿었던 것이다. 이 정신은 오늘날 명품 및 맞춤 제품의 기본적 철학을 이룬다.

인간의 손이 가진 불완전함이 반영된 제품이 기계로 생산된 제품보다 더 비싼 시장 가치를 얻게 되는 모순은 어디에 있을까? 유럽 미술사의 거장인 프랑스 학자 앙리 포시용-Henri Focillon은 '손을 예찬함'이라는 글에서 다음과 같이 말한다. "손은 기술의 문턱에 머무는 것을 뛰어넘어 경이의 세계를 보여준다." 손은 창조의 도구이자 인식의 기관으로 그 어떤 신체 부위보다 독창적이며 설득력을 지닌다. 손은 기계처럼 정교할 수도 없고 때론 실수도 범하지만, 살아있는 에너지를 전하며 독창적인 스타일을 만들어낸다. 손은 인간의 생각과 행동을 끊임없이 교정하며, 모든 조형행위를 뒷받침한다. 다시 말해, 손은 인간의 노동을 끊임없이 구현하고 도전하게끔 격려하는 도약대다. 영어의 'hold', 'grasp' 같은 단어에 물리적으로 어떤 사물을 쥐고 만지는 행위를 넘어 '상황을 인식하고 이해하다'라는 뜻이 녹아있는 것도 사실은 그 때문이다. 그만큼 손에는 인간을 둘러싼 환경을 이해하고, 이를 바탕으로 어떤 것을 만들어가는 제작행위가 포함되어 있다.

한국 사회는 급격한 현대화 과정 속에서 전통 장인의 위상과 그 의식을 전승하는 데 실패했다. 손으로 일일이 만들어 작업하는 일이나 육체노동을 하는 분들을 낮게 평가했고, 또 거기에 큰 의미를 두지 않았다. 손의 가치를 그들 마음대로 폄하한 것이었다. 그에 반해 전 세계 패션 시장을 장악한 프랑스나 이탈리아 명품 브랜드의 제품에는 장인의식을 배경으로 한 철학과 스토리텔링이 녹아있다. 장인들의 기술이 전수되고 축적되면서 그 품질 또한 매우 우수하다. 이런 비가시적 차이들이 명품을 만드는 결정적 요인이 된 것이다. 다행히 최근 들어 한국 사회도 조금씩 바뀌고 있다. 다양한 물품을 제작하는 공방이 늘어나고 있는 건 이런 기류와 맞물려있다고 볼 수 있다. 또 다수의 젊은 디자이너들이 기성양복보다 훨씬 더 좋은 가격대로 맞춤양복을 지을 수 있는 가게를 속속 차리는 것도 그렇다. 이들은 우리가 잃어버린 장인정신과 시간의 흔적을 핸드메이드에서 찾으며 전통을 현대화하는 작업을 이어나가고 있는 것이다.

우리에게 필요한 명품의 본질은 단순히 비싸고 고급스러운 제품이 아니라 손의 정신과 아우라가 깃든 제품이다. 사물을 통해 우리 삶 속에 새겨지는 기억은 '인간의 손'과 그 사람을 향한 '맞춤'이라는 배려를 통해서 디자인된 것이다. 맞춤은 곧 인간의 행복과 안녕을 모색하는 행위다.

○○○○○○○○○○○○○○○○○○○○○○○○○○○

옷 입기와 글쓰기는 서로 통한다?

feat. 게오르크 루카치

별이 빛나는 밤하늘을 보고, 갈 수가 있고
또 가야만 하는 길의 지도를 읽을 수 있던 시대는
얼마나 행복했던가?
그리고 별빛이 그 길을 훤히 밝혀주던 시대는
또 얼마나 행복했던가?

헝가리의 문예사상가 게오르크 루카치의
《소설의 이론》에 나오는 첫 문장이다.
루카치에게 소설이란

개인이 마음의 고향과 삶의 의미를 찾아
길을 나서는 여정이었다.
그는 소설을 '자기인식으로의 여정을
형상화하고 있는 형식'이라 정의했다.
옷 입기도 소설쓰기와 다르지 않다.
디자이너는 매 시즌마다 자신이 세상을 해석한 방식,
이야기를 자신의 옷에 담아 소개한다.
이런 점에서 패션 디자이너는 이야기꾼이다.
이들이 발표한 이야기의 조각을 모아서
'나'라는 개인의 삶의 서사로 써내려가는 것이
바로 패션 스타일링이다.
우리 각자가 '스스로의' 스타일리스트가
되어야 하는 이유는 바로 여기에 있다.
우리는 자신의 옷을 스타일링하면서
자기인식에 도달할 수 있기 때문이다.

나는 옷의 역사와 미학에 관한 강의를 하며 '스타일'이란 단어에 대해 나름 많은 고민을 했다. 그건 누군가의 옷차림을 따라 하거나, 신체에 맞는 옷의 실루엣과 색을 찾아내는 것 이상의 의미였다. 어원적으로 스타일이란 단어가 펜의 뾰족한 끝을 뜻하는 '스틸루스'에서 출발했듯이 글쓰기의 도구인 펜과 한 벌의 옷이 만들어내는 정조情操가 서로 맞물려있다는 게 신기하지 않은가? 글쓰기와 옷 입기, 뭔가 서로 어울리지 않는 것 같은 이 두 행위가 어쩌다 같은 출발점을 갖게 된 것일까?

2013년 프라다는 새로운 안경라인을 출시하면서 이탈리아의 한 대형출판사와 함께 '글쓰기 공모전'을 열었다. 세상을 창의적으로 탐색하고 현실을 자신만의 관점에서 해석하게 해주는 도구이자 인간 시각의 확장체인 안경에 대해 깊은 공감을 끌어낸 단편들이 모였다. 매년 제시하고 있는 주제도 묵직하다. '현실을 매개하는 안경', '그림자와 환영: 눈에 보이는 것과 실제의 차이'와 같은 철학적 사유를 미래의 작가들에게 던지고 있다. 상금도 두둑한 데다 수상작은 전자책으로 발행해서 프라다의 웹사이트를 통해 읽을 수 있도록 해준다. 프라다의 '글쓰기 공모전'과 같은 사례는 패션과 글쓰기 작업이 어떻게 만날 수 있는가를 잘 보여주는 대표적 예라고 할 수 있다.

글쓰기란 오랫동안 내 안에서 삭혀온 감정과 생각을 활자화하는 일이다. 전체적인 생각을 정리하고 압축하며 마침표와 쉼표, 말줄임표와 같은 문장 부호도 적절하게 써야 한다. 타인들에게 깊고 쉽게 이해될 수 있는 글을 쓰기 위함이다. 독자의 입장에서 보면 따분한 글을 읽는 것만큼 힘든 일도 없다. 글은 내용이 너무 과하지도 모자라지도 않게 리듬감을 갖고 조화롭게 읽혀야 한다. 그래야 독자들이 한숨에 읽어낼 수 있는 흡인력을 갖게 된다.

여기에서 '글'이란 단어를 '옷'으로 바꿔보아도 말이 되지 않는가? 옷을 선별해서 입는 행위는 타인을 향해 말을 거는 발화發話 행위다. 인간의 화법은 자신만의 목소리를 낼 때 타인들의 공감을 얻는다. 옷 입기도 마찬가지다. 유행에 매몰되지 않고 '자기'를 지켜가는 사람에게 우리는 보통 '스타일이 살아있다'고 말한다.

글쓰기의 핵심이 자기 탐색과 확장에 있듯, 패션도 그렇다. 패션 스타일링은 글쓰기의 확장이다. 글을 쓰며 사람들은 자신을 바라본다. 지금 살아가는 이 체제에 동화되거나 포섭되지 않도록 '생각하며 살아가기 위한' 비평적 거리를 유지한다. 우리의 옷차림도 이런 의지의 표명이어야 한다. 패션이 단순히 '트렌드'의 산물이 아닌 것은, 트렌드에 휩쓸리지 않고 자신의 색깔을 확실히 보여주는 사람들이 있기 때문이다. 이들은 스스로 삶의 방식,

곧 스타일을 만들어간다.

패션이 글쓰기와 맞닿아있다는 것은 디자이너의 작업을 보면 또 알 수 있다. 디자이너들은 매 시즌마다 수십여 벌의 옷을 유기적인 주제로 묶어 발표한다. 이를 '라인line'이라 칭하는데, 시의 한 행을 '라인'이라고 부르는 것과 다르지 않다. 패션쇼에 등장하는 수십여 벌의 옷이 모이면 한 편의 시를 이룬다. 패션 디자이너 칼 라거펠트도 "시와 마찬가지로 패션은 어떤 것도 명시하지 않는다. 그저 제안할 뿐이다."라고 말하지 않았던가. 그런 의미에서 패션은 미학적인 자기 결정이며, 우리의 삶을 한 편의 시로 표현하기 위한 실험이다. 패션이 그저 한철 쓰고 버려지는 소모품이 아니라 우리의 온 삶의 흔적을 기록하는 펜이 된다는 것은 이런 관점에서 출발한다. 패션은 입는 것이 아니라 쓰는 것이라고.

나는 내 강의를 듣는 이들에게 숙제를 내준다. 일주일 동안 자신이 입을 옷에 대한 일기를 쓰는 것이다. 브랜드나 색상, 실루엣에 대한 설명보다, 그 옷을 입고 어떤 경험을 할 것인지, 누구를 만날 것인지, 본인이 타인에게 어떤 이미지로 각인되고 싶은지를 기록하게끔 한다. 이 과정을 통해 그들은 옷이라는 사물 자체보다, 옷을 통해 얻게 되는 경험과 느낌에 주목할 것이다. 글쓰기가 옷을 입는 행위를 '거리를 두고' 볼 수 있도록 해주는 것이다. 사실 스타일링이 어려운 것은 우리가 '유행'이란 사회현상에 지속적으로 흔들리기 때문이다. 사회학자 게오르그 짐멜Georg

Simmel은 《유행의 심리학》에서 "유행이란 사회적인 평준화를 추구하는 경향과 개인적인 독특성을 추구하는 경향 사이에서 타협을 보장하는 삶의 형태이다."라고 주장한다. 사람들에겐 '남들과 달라서 튄다는 이야기를 듣는 건 싫어. 그래도 난 너랑은 다르거든!'이라고 말하고 싶은 마음이 있다. 언뜻 보기에 모순 같아 보이는 이 두 감정을 하나로 묶어주는 것이 유행이란 것이다.

과연 스타일과 트렌드는 절대로 타협할 수 없는 것일까? 나는 그렇게 생각하지 않는다. 스타일은 한 인간이 온 생애를 다해 지켜내야 할 원칙이자 세계관이라면, 트렌드는 한 인간의 온 생애가 지루해지지 않도록 '새로움'을 주입하는 장치다. 살아가며 '새로움'을 수용하기보다 옛것만 고집하는 이들을 가리켜 '고루하다', '고풍스럽다'고 말하지 않던가? 트렌드는 변화로 가득한 세상에 잘 적응해보라며, 내 어깨에 살짝 놓아주는 백신 같은 것인지도 모르겠다. 작은 변화들을 잘 즐기다 보면, 사회 내부에서 발생하는 큰 변화에도 조금은 의연하게 대처할 수 있지 않을까? 새로움은 언제든 실험하며 즐길 수 있다. 단, 이 새로움에 나만의 도장, 스타일이란 인주가 필요하다. 옷에 대한 글쓰기는 바로 이 인주가 되어줄 것이다.

3부

당신의 옷이

말하는 것들

속옷에서 예술작품으로
∧∧∧∧∧∧∧∧∧∧∧∧∧∧∧∧∧∧∧∧∧∧∧∧∧∧

티셔츠는 어떻게 세상을 바꿨을까?

feat. 조르지오 아르마니

*"나는 항상 티셔츠가
패션사전의 처음과 끝을
장식한다고 생각한다."*

세계적인 패션 디자이너 조르지오 아르마니는
지금껏 시대를 대표하는 남성의 이미지를 조형해왔다.
그의 남성복 컬렉션에는 남자의 어깨선을 부드럽게
감싸주는 재킷이 끊인 적이 없다.
이탈리아 하이패션의 대명사라는 칭호를 받고 있지만,
정작 그가 즐겨 입는 옷은 티셔츠다.

그는 항상 티셔츠에 청바지 차림으로
패션쇼 피날레에 등장하기로 유명하다.
티셔츠만큼 사회 각 분야의 경계선이 허물어지는 양상을
가장 정확하게 설명할 수 있는 패션 어휘가 또 있을까?
티셔츠는 캐주얼과 포멀,
예의와 자유를 넘나드는
기능적 아름다움뿐만 아니라,
섹시하면서도 심미적 아름다움까지 가진
전천후 아이템이다.

티셔츠는 원래 중세시대 군인들이 입던 속옷인 리넨셔츠에서 유래했다. 당시 군인들은 철사를 고리 형태로 연결하여 그물처럼 짠 갑옷을 입었는데, 제작기술이 좋지 않아 맨몸에 걸칠 경우 긁히기 쉬웠다. 티셔츠는 이를 방지하기 위해 입던 것으로, 처음엔 언더웨어로 착용되었다. 귀족들 역시 자신의 값비싼 겉옷이 땀과 같은 신체의 분비물로 인해 오염되는 것을 방지하기 위해서 티셔츠를 속옷처럼 입었다. 이처럼 티셔츠는 결코 바깥에 드러나도록 입는 옷이 아니었다. 이런 흐름은 20세기까지 지속되었다.

1880년대 유럽에서는 편리하고 위생적이라는 장점을 지닌 티셔츠를 운동선수들이나 노동자들이 즐겨 입었다. 가볍고 빨리 마르는 옷이 필요했던 군인에게도 속옷으로 애용되었다. 통기성이 좋고 염색이 잘 되는 면섬유로 만들어진 티셔츠는 1차 세계대전 때에는 미 해군의 공식적인 속옷으로 널리 이용되었다. 미 해군이 입은 흰색 면 저지의 칼라가 없는 반팔 크루넥crewneck 티셔츠는 T자형으로 오늘날과 같은 형태가 되었다. 이후 1942년 미 육군도 흰색 면 티셔츠를 공식 속옷으로 받아들였다.

티셔츠가 일반 대중에게 겉옷으로 알려지게 된 것은 두 차례에 걸쳐 발생한 세계대전의 여파 때문이다. 종전 후 군인들은 일상에 돌아와서도 티셔츠를 즐겨 입었다. 국가를 위해 헌신한 영웅을 상징하는 옷이란 문화적 의미가 더해지면서 티셔츠는 일반 대중에게도 인기를 끌기 시작했다. 특히 공장과 농장 등에서 일하는 육체노동자들 사이에서 티셔츠가 유행했는데, 이들이 흰색 티셔츠만 입고 땀 흘리며 일하는 모습은 이 시기에 으레 볼 수 있는 풍경이었다.

1950년대에 접어들면서 티셔츠는 더 이상 속옷이 아닌 겉옷의 개념으로 완전히 자리 잡았다. 특히 1951년 영화 〈욕망이라는 이름의 전차〉에서 청춘스타 말론 브란도가 착용한 타이트한 티셔츠는 야성미와 반항적인 이미지의 상징으로 불티나게 팔려나갔다. 이어 영화 〈이유 없는 반항〉에서 제임스 딘이 입고 나온 흰색 티셔츠도 젊은이들 사이에서 큰 인기를 끌면서 이때부터 티셔츠는 젊음의 상징으로 여겨지게 되었다.

어느 시대든 특정 스타일의 옷이 대중의 인정을 얻으려면 그 유행을 지지하고 채택하는, 공통된 정서로 묶인 집단의 협조가 필요하다. 옷을 둘러싼 시각적 구조의 변화는 곧 인식의 변화를 의미하기에 변화를 열망하는 집단의 소비가 밑받침되어야 한다. 티셔츠가 젊은이들의 전유물로 자리 잡을 수 있었던 배경에는 저렴한 가격과 편안한 착용감도 한몫했지만 시대적 가치관의 변화 때문이기도 하다.

1950년대 중후반 전후에는 산업 전반에 효율성을 토대로 하는 조직이 본격적으로 만들어졌다. 대기업이라는 거대한 조직과 관료 조직이 사회를 지배하게 됨에 따라 개개인은 거대한 사회 조직의 부속품으로 획일화되어갔다. 이에 젊은 세대들은 자유를 갈망하며 기성세대들의 가치관에 반항하기 시작했다. 이들은 은막의 반항아들처럼 티셔츠와 청바지를 즐겨 입었는데, 이것은 슈트 차림을 한 기성세대와의 결별을 의미했다. 젊은이들은 티셔츠에 학교의 심벌마크나 클럽, 스포츠 팀 이름 등을 인쇄해 입으며 자기표현의 수단으로 삼기도 했다. 이처럼 자신의 정체성을 선연하게 드러내려는 열망이 강하다는 건, 이전 세대와 구분된 '자아'를 갖고 싶다는 뜻이기도 하다. 이때부터 청바지와 팔을 접어 올린 흰색의 티셔츠는 청년세대의 저항적 메시지를 사회 전반에 전달하는 매개가 되었다.

하지만 다수의 청년집단이 티셔츠를 채택했음에도 사회전반은 여전히 티셔츠에 대해 보수적이었다. 1969년까지 미국의 학생들은 학교에 티셔츠를 입고 가면 속옷을 입고 왔다는 이유로 쫓겨나기 일쑤였다. 그럼에도 티셔츠의 인기는 좀처럼 식을 줄 몰랐다. 페미니즘 운동가들은 티셔츠를 여성의 자유와 평등을 상징하는 의복이자, 유니섹스 패션의 중요한 아이템으로 받아들였다. 여성들 사이에서도 티셔츠가 주목을 받기 시작하자, 1962년 프랑스의 크리스티앙 디오르는 하이패션 디자이너로선 최초로 벨벳 소재 위에 스트라이프 패턴을 넣은 티셔츠를 선보였다. 이렇게 디자이너가 특정 패션 품목을 '고급스럽게' 재해석하는 과정은 하위문화와 상위문화가 충돌 없이 만날 수 있는 장을 만들어 준다는 점에서 중요한 의미를 갖는다. 디자이너가 선보이는 작품은 변화에 보수적인 이들조차도 삼킬 수 있는 혁신이란 당위성을 만든다. 이들의 노력으로 인해 티셔츠는 더 넓은 지지층을 확보할 수 있게 되었다.

'철의 여인'이라 불린 영국의 전 수상 마거릿 대처는 어떤 사람의 정치적인 성향은 그 사람이 입은 티셔츠에서 알 수 있다고 얘기했을 만큼, 티셔츠는 그 시대의 정치사회적 메시지를 반영한다. 정치 캠페인에 티셔츠를 이용한 사람은 1948년 당시 공화당 후보였던 토마스 듀이가 최초였다. 그는 'Dew it with Dewey (듀이와 함께 촉촉한 인생을)'란 표어를 부르짖었지만 안타깝게도 민주당의 트루먼에게 패했다. 티셔츠로 자신의 이미지 구축에 성공한 정치인은 케네디 대통령이다. 그가 집에서 티셔츠 차림으로 자연스럽게 생활하는 모습을 기자들이 촬영하면서 젊고 잘생긴, 거기에 스타일까지 가미한 정치인이란 이미지가 대중에게 각인된 것이다. 그를 통해 티셔츠는 국가적 캐주얼웨어로 등극하게 되었다. 1960년대 말에는 쿠바의 혁명가인 체 게바라의 얼굴이 인쇄된 티셔츠가 등장했다. 이후 프랑스 68혁명의 데모대가 그들의 정신적 지주인 체 게바라가 그려진 티셔츠를 입으면서 전 세계적으로 유행하게 되었다. 1970년대는 히피문화의 영향에 따라 'Make Love', 'Not War'와 같은 메시지를 담은 슬로 건 티셔츠가 유행했다.

패션매거진 〈엘르〉는 티셔츠를 가리켜 '민주주의적 이상을 표현하는 예술작품'이라고 칭송하며 다음과 같이 말한 바 있다. "티셔츠는 절대로 유행을 타지 않는 기본적인 패션 아이템이 되었다. 아니, 오히려 티셔츠는 이미 패션을 넘어서있다."

티셔츠는 단순한 옷의 의미를 넘어 사회적 기호이자 영향력이 있는 매체다. 티셔츠의 앞면과 뒷면을 통해 우리는 알게 모르게 비언어적 의사소통을 나누고 있다. 지금 당신의 캔버스에는 어떤 메시지가 담겨 있는가?

패션 민주화를 은밀하게 이뤄낸 스니커즈

feat. 브루넬로 쿠치넬리

"나는 정장에 면셔츠나 폴로셔츠를 매치시켜
현대적인 느낌이 나게 소화해내는 걸 좋아한다.
여기에 가죽으로 만들어진 스니커즈를 곁들이면 금상첨화겠다.
재단이 잘 된 블레이저에
캐시미어 소재의 조깅용 바지를 입어도 그럴듯하게 어울린다.
이것이 정장과 평상복을 가장 완벽하게 조합하는 방법이다."

'캐시미어의 제왕'이라 불리는 이탈리아의 패션 디자이너
브루넬로 쿠치넬리는 다소 독특한 이력의 소유자다.

농부의 아들로 태어나 대학에서 엔지니어링을 전공하던 그는
스물네 살 때 철학공부에 빠져들면서 공학도의 길을 포기했다.
대신에 자신의 이름을 딴 회사를 세워
최고 품질의 캐시미어 상품을 만들었고,
이를 세계적 명품으로 키워냈다.
그는 기업 경영의 목적을 이익추구가 아닌
인간의 존엄성에 바탕을 둔
인본주의적 경영을 하는 CEO로도 유명하다.
실제로 그는 자기 삶에 가장 큰 영향을 미친 책으로
마르쿠스 아우렐리우스의 《명상록》을 꼽을 만큼
인문학적 지식의 깊이가 남다르다. 그의 사무실 벽에는
소크라테스와 칸트, 간디 등
다양한 철학자의 초상화가 걸려있다고 한다.
명품과 철학이라는 두 개의 상이한 세계에
'인본주의적 경영'이라는 다리를 놓은 그가 가장 즐겨하는
패션 아이템이 스니커즈라는 사실은 꽤 흥미롭다.
스니커즈는 그냥 신발이 아니다.
그의 말처럼 정장과 평상복이라는 결코 만날 수 없을 것 같은
두 개의 상이한 스타일 사이에 견고한 다리를 놓아주는,
이른바 '패션의 혁명'이다.

스니커즈 한 켤레를 샀다. 품이 넉넉한 바지와 검정색 재킷에 코디하기 위해서다. 예전에는 구두를 즐겨 신었지만, 요즘에는 스니커즈만 찾는다. 어디를 가더라도 스니커즈 차림의 사람들이 눈에 자주 띈다. 사무직 여성의 오피스 룩에 스니커즈가 합류한 지도 이미 오래다. 4050세대 남자들도 양복이나 구두보다 편안함과 스타일을 겸비한 평상복을 즐겨 입으면서 스니커즈 판매량도 늘었다. 색상과 재질, 디자인에 따라 그 종류가 다양한 스니커즈는 착화감이 뛰어나고 어떤 스타일에도 어울려 많은 사람들의 사랑을 받아온 패션 아이템이다. 사실 스니커즈가 지금의 사랑을 받기까지는 긴 세월이 걸렸다. 가장 밑바닥에서 주류 패션이 되기까지 스니커즈는 긴 시간을 묵묵하게 견뎌내며, '패션의 민주화'라는 사회적 혁신을 이루어냈다.

스니커즈는 언제 처음으로 등장했을까? 오늘날 스니커즈의 원형이 된 아이디어를 낸 사람은 바로 16세기 영국의 국왕 헨리 8세다. 당시 비대해진 몸 때문에 고민에 빠졌던 헨리 8세는 테니스로 살을 빼려고 했지만, 운동할 때 신을 만한 적합한 신발을 찾지 못했다. 결국 그는 신발 장인에게 펠트 천으로 밑창을 댄 여섯 족의 신발을 만들 것을 명령했다. 이 신발이 바로 오늘날 스니커즈의 원형과 개념적으로 일치한다. 스니커즈란 이름은 캔버스

천으로 발등을 감싸는 갑피와 열과 추위에 강한 경화고무창을 댄 신발을 일컫는다. 이 이름은 스니커즈가 처음 만들어지고 한 참의 시간이 지난 후 미국에서 붙여졌다. 1916년 미국의 US러버 컴퍼니가 최초의 대량생산 신발인 케즈Keds를 선보이며, '사뿐 사뿐, 살금살금 다가간다'는 뜻의 스니커sneak라는 이름으로 마케팅을 펼쳤는데, 이것이 유래가 되어 스니커즈라는 명칭이 탄생하게 된다.

최초의 스니커즈는 1830년 오늘날 던롭Dunlop으로 알려진 리버풀 고무회사가 만들었다. 편안한 스포츠화의 선구자격인 플림솔 Plimsol이란 제품이 그것이다. 플림솔은 원래 영국의 노동자 계층이 해변에서 휴가를 보낼 때 주로 신었는데, 충격을 잘 흡수하고 착화감이 좋아서 오래 지나지 않아 대중의 사랑을 받는 스포츠화가 되었다. 특히 1924년 파리 올림픽에서 많은 운동선수들이 이것을 신어 더 유명해졌다. 플림솔이란 애칭은 캔버스 갑피와 경화고무창을 붙인 지점이 화물선의 적재한계선load line을 뜻하는 '플림솔 라인plimsol line'을 연상시킨다 해서 붙여진 이름이다. 플림솔 라인이란 용어는 19세기 중반 영국의 정치가이자 사회개혁자였던 새뮤얼 플림솔의 이름에서 온 것이다. 그는 석탄사업에 실패한 후 빈민촌에서 사흘에 한 끼를 겨우 먹으며 인생의 밑바닥을 경험했는데, 이때 재기에 성공하면 반드시 자신의 힘으로 가난한 자들의 곤궁한 삶을 바꾸겠노라고 결심한다. 결국 영국 의회 의원으로 당선이 된 그는 과도한 짐을 실은 배가 침몰하는 문제를 해결하고자 적재한계선을 고안해낸다. 당시에는 자신의 이익에만 눈이 먼 선주들이 화물선에 물건을 과적하는 일이 비일비재했는데, 그 때문에 화물선은 '과부 만드는 배', '무덤'이라 불리기도 했다. 새뮤얼 플림솔은 배의 양쪽 뱃전에다가 색깔을 넣은 줄을 긋고, 그 선이 잠길 때까지만 짐을 싣는 법안을 통과시켰다. 이 선이 바로 플림솔 라인이다. 이를 스니커즈에 빗대어 말하자면, 스니커즈 역시 한 사회의 미감과 성별, 세대가 정교하게 어울릴 수 있는 정신의 수위인 플림솔 라인을 만들어냈다고 해도 과언이 아니다.

신발이 인간의 역사에 한 획을 차지할 만큼 발전한 계기는 바로 스니커즈에 있다. 가장 눈에 띄는 변화는 남녀의 경계를 허물고 패션의 민주화를 앞당겼다는 점이다.

1980년대에 접어들면서 스니커즈는 사무직 노동자들 사이로 급속하게 퍼진다. 당시는 집집마다 VCR 보급이 늘면서 피트니스 비디오가 불티나게 팔리기 시작했던 때다. 피트니스 붐을 타고 자연스레 운동화에 대한 수요도 늘면서 1982년 리복은 처음으로 여성 소비자를 대상으로 한 운동화를 개발했다. 이 신발은 여성들이 생활 속에서 편안함을 찾으려한 페미니즘 운동의 산물이기도 했다. 이때는 여성의 사회진출이 늘기 시작하면서 도시에 젊은 전문직 여성들이 대거 등장했는데, 이들은 어깨선에 패드를 넣어 남성적인 매력을 강조하는 슈트 차림에 스니커즈를 신고

출근을 했다. 이들이 하이힐이 아닌 스니커즈를 신은 이유는 '하이힐을 신고는 성공의 사다리를 오르기가 어렵다'는 굳은 의지를 표현하기 위해서였다. 이때부터 스니커즈는 남성 중심의 기업문화에 도전장을 던진 여성들의 상징이 되었다. 오늘날까지 그 명맥은 꾸준히 유지되어 최근에도 20~30대의 여성 30퍼센트가 운동화를 신고 회사에 간다는 통계가 있을 만큼 운동화는 워킹우먼의 필수품이 되었다.

전 세계적으로 드레스 코드는 조금씩 허물어지고 있다. 옷을 둘러싼 격식의 수위가 약화되고 있다는 말이다. 흰색 와이셔츠에 넥타이 등 완벽한 정장을 오랫동안 고집해온 뉴욕 월가의 보수적인 금융권조차 비즈니스 캐주얼 도입을 고민하고 있는 곳이 많다. 구글이나 애플, 페이스북 등 실리콘밸리를 중심으로 한 캐주얼 문화는 국내 기업으로도 점차 확산 중이다. 남성 슈트는 디컨스트럭티드 재킷(안감 심지 패드 등을 생략 또는 배제해 만든 재킷)이 도입되면서 실루엣이 한층 부드러워졌고, 스니커즈는 구두와 같은 정장 느낌은 물론 평상복에도 잘 어울리는 캐주얼한 디자인 등 선택지가 넓어졌다.

오랜 시간 동안 굳어진 옷의 스타일링 방식은 그 자체가 한 사회의 견고한 보수적 태도를 반영한다. 모두가 함께 공유할 수 있는 스타일이란 사실 많지가 않다. 사람들은 누구나 차별화의 욕구를 가지고 있기 때문이다. 고급스런 소재나 기술을 특정 계층이 독점하려고 했던 이전 시대를 보면 더욱 그렇다. 하지만 스니커즈는 베이직하고 대중적이며 누구나 만만하게 신을 수 있는 민주적인 아이템이다. 계층의 경계를 허물고 여성의 사회진출을 도와준 스니커즈가 그저 만만한 발명품이 아니란 건, 이 정도면 부정할 수 없는 사실이 아닐까.

거꾸로 가는 패션

스트리트 패션의 원조는 스위스 용병들이다?

feat. 코코 샤넬

"나는 패션이 거리로 흘러들어가는 걸 좋아한다.
하지만 패션이 거리에서 시작되는 건 받아들일 수 없다."

패션의 대모라 불리는 샤넬은 그 자신만 해도 옷을
디자인할 때 어부들의 작업복에서 영감을 따오기도 했지만,
정작 거리에서 출발한 패션을 받아들이기는 어려웠던 모양이다.
아마도 자신이 패션을 창작하고,
스타일을 지시하는 권력이라 믿었기에 그랬을 것이다.
그러나 어쩌랴,
세상은 과거와는 전혀 다르게 변하고 있는 걸.

일반적으로 패션은 샤넬 같은 유명 디자이너들이
발표한 작품에서 파생되어 일반인에게 흘러들었지만,
현대 패션의 흐름은 가장 낮은 곳,
즉 길거리나 언더그라운드에서 시작되는 경우가 많다.
이곳에는 주류 패션에 편입되지 않고 자신만의 관점에서
옷을 입고 해석하는 창의적 개인들이 넘쳐난다.
이들의 옷차림이 거리의 트렌드가 되고,
곧 패션의 중심이 된다.
오히려 디자이너들이 이러한 스트리트 패션을
적극적으로 수용하고
반영하는 시대가 온 것이다.

디스트로이드 진destroyed jean, 말 그대로 찢어진 청바지다. 이것은 1960년대 히피문화의 일환이었다. 작업복으로 출발한 청바지는 이때부터 기성세대에 저항하는 상징이 되었다. 1960년대의 과속성장을 반성하듯 히피들은 항거의 의미로 청바지를 찢었고, 여기에다가 '삶 속에 다양성을 포용하자'는 뜻으로 다른 빛깔의 천을 덧대었다. 1980년대를 대표하는 가수 마돈나는 찢어진 청바지를 입고 '라이크 어 버진Like a Virgin'을 노래했다. 이는 당시 미국의 정치적 보수주의에 찬물을 끼얹는 사건이었다. 1990년대에는 엘리트주의에 취해있던 사회 분위기에 대한 반발로 그런지룩grunge look이 유행했다. 록그룹 너바나의 리드 싱어 커트 코베인의 너덜너덜 찢어진 청바지, 낡은 점퍼, 허름한 티셔츠는 그런지룩을 대표하는 패션 아이템이었다. 그는 고도화된 후기 자본주의 사회에서 '성장의 불가능성'을 발견한 세대의 염세적 태도와 좌절감을 노래에 담으며 이를 패션으로도 표현했다. 이후로도 현재까지 찢어진 청바지는 자유와 반항이란 '정체성'을 지키며 캐주얼 패션의 주요 아이템으로 자리 잡았다.

13세기 후반 유럽에서는 찢어진 청바지만큼이나 파격적인 패션 혁명이 일어났다. 패턴에 근거하여 천을 자르고 봉제하여 한 벌의 옷을 만드는 재단기술이 탄생한 것이다. 전해지는 자료에 의하면, 재단기술의 탄생 시점은 1297년이다. 유럽 최초의 재단사 길드에 관해 기록된 시기가 바로 이때로 추정되기 때문이다. 이전 시대까지만 해도 느슨하고 헐렁한 겉옷만 입던 사람들이 드디어 '재단' 기술이 적용된 옷을 입기 시작했다. 이는 영국과 프랑스 사이에서 벌어진 백년전쟁으로 인해 군복이 평상복 스타일에 영향을 미쳤기 때문이다. 병사들이 갑옷 안에 받쳐 입던 '더블릿doublet'이라는 솜을 넣어 누빈 옷이 남성재킷으로 발전하여 유행하게 된 것이다. 더블릿은 당시 재단사들의 재단 실력을 가늠할 수 있는 시금석이었다. 당시로서는 최상급의 기술을 가진 재단사들만이 더블릿을 자유자재로 만들 수 있었다. 헐렁한 실루엣만을 유지해오던 옷은 이때부터 인간의 몸에 꼭 맞게 만들어졌다. 단순히 천을 자르고 끈으로 고정시키는 방식이 아닌, 체형에 맞게 치수를 재고 정확히 재단하는 기술이 발달하면서 오늘날의 의상 제작방식으로까지 이어졌다. 이런 생산방식은 인간이 자신을 바라보는 관점의 변화도 가져왔다.

옷을 사람의 몸에 맞춘다는 의미는 그만큼 '인간이 자신의 신체를 의식하기 시작했다'는 뜻이다. 팔, 상반신, 하반신과 같이 신체 각 부위를 따로 만들어서 조립하는 옷 조각들은 또 다른 관점에서 인간 정체성의 조각을 의미하게 되었다. 옷 조각을 조립해 한 벌의 옷으로 만들 듯, 사람들은 인간의 정신과 삶도 옷처럼 조립할 수 있을 것이라고 믿었다.

군복으로 인해 바뀌게 된 것이 또 있다. 바로 '슬릿slit'이다. 칼집, 가위질, 좁은 구멍 등으로 좁고 긴 트임을 만드는 패턴인 슬릿은 중세시대 때 전쟁에서 승리한 왕이나 기사들이 소매에 칼자국이 난 것을 자랑스럽게 여겨 그 부분에 구멍을 내기 시작한 것에서 유래했다. 남자들은 중세를 풍미한 이들의 패션에서 영감을 얻어 슬릿 스타일의 옷을 입었는데, 옷의 소매와 허리, 다리 부분에 칼집을 내고 실크 속옷을 칼집 밖으로 끄집어내 입었다. 그런데 문제는 당대의 도덕주의자와 신학자들이 이런 패션을 질타하고 나선 것이다. 그들은 멀쩡한 옷에 인위적으로 균열을 내는 행위는 신과의 관계가 깨어지고 질서가 혼탁해진 징표라며 법으로 금지시킬 것을 촉구하기도 했다. 패션 스타일링에 도덕적 잣대를 들이댄 것이다. 그 당시, 인간과 옷은 서로 불가분의 관계였다. 인간은 원죄를 지니고 태어난다고 믿었던 중세시대에는 인간 육체의 아름다움이 죄악시되었고, 이를 부정하고 감추어야 할 대상이라고 생각했다. 이에 따라 사람들은 신체 부위들이 잘 드러나지 않는 길고 느슨한 옷으로 몸을 감추어야 했다. 이런 사회적 분위기 속에서 옷에 칼집을 내고, 밑단의 실밥을 풀어헤치는 스타일의 옷이 유행하자, 신학자들은 아연실색할 수밖에. 가뜩이나 종교와 세속권력 간의 잦은 다툼에 교회와 멀어지는 이들이 늘어나던 시대였는데, 시름에 잠겨 있던 이들이 혹 애먼 옷에다 스트레스를 풀었던 건 아닐까.

슬릿을 넣은 의복이 남성들 사이에서 본격적으로 뜨기 시작한 것은 16세기부터다. 이때부터 옷의 각 부위에 칼집을 넣고 그 안에 다양한 색을 덧대어 입었는데, 이 패션을 유행시킨 이는 다름아닌 스위스 용병들이었다. 스위스 용병들은 중세 말기부터 근세 시대까지 유럽 각국에서 활약했다. 과거 척박한 자연환경으로 인해 식량을 구하기조차 어려울 정도로 빈국이었던 스위스 국민들은 생계를 이어가기 위해 돈을 받고 다른 나라의 용병이 되었다. 이들은 '우리가 신뢰와 신용을 잃으면 후손들은 영원히 용병이 될 수 없기에 죽음으로 계약을 지킨다'는 것을 신조로 충직한 근무를 하였기에 유럽 곳곳에서 환영받으며 전설적 명성을 얻을 수 있었다. 수 세기가 지난 지금도 바티칸 교황청 근위대는 스위스 용병으로만 구성돼있다.

용맹하기로 명성이 높았던 스위스 용병들은 15세기 후반 몸의 움직임을 보다 용이하게 하기 위해 옷에 칼집을 냈는데, 시간이 지남에 따라 슬릿은 전쟁터의 치열한 기억을 각인시키며 자연스레 자신의 몸값을 높이는 기호로 사용되었다. 이들의 패션은 당대 상류계층을 매혹시켰고, 수많은 귀족 남자들 사이에서는 옷에 트임을 주는 슬릿 장식이 유행처럼 번졌다.

당시 유행 현상은 위에서 아래로, 즉 왕과 귀족들에게 시작돼 하위계층으로 흐르는 것이 당연했다. 패션의 흐름을 창조한 것은 바로 '권력의 상층부'였다. 상류계층은 자신들을 낮은 계층과 구분하기 위해 끊임없이 새로운 스타일을 선보였고, 한편 낮은 계층은 상류계층의 새로운 스타일을 모방함으로써 그들과 자신을 동일시하기 위해 노력했다. 그런데 이때 천민이었던 용병들의 패션이 상류층으로 옮겨가는 보텀 업bottom up 현상이 일어난 것이다. 지금으로 치면 이들의 옷은 역사상 최초의 스트리트 패션이었던 셈이다.

주름의 의미
∧∧∧∧∧∧∧∧∧∧∧

내가 살아있다는 가장 완벽한 증거

feat. 이세이 미야케

*"나는 주름이 새로운 텍스타일과 실루엣을 창조해내는 데
특별한 관심을 가져왔습니다.
주름은 편안함을 줄 뿐 아니라 인체를 자유롭게 해방시킵니다."*

인간이 옷을 입는 순간부터 숙명적으로 발생하는 것이
바로 주름이다.
옷에 주름이 생기는 건
인간의 신체가 관절과 뼈로 서로 상합하며
움직이게끔 설계되어있기 때문이다.

따라서 옷에 생긴 주름은 인간이 움직이고 있다는 증거다.
패션계에서 주름이란 디테일을 가장 아름답고 정교하게
사용하기로 유명한 사람은 바로 일본 디자이너
이세이 미야케다.
그의 플리츠 플리즈Pleats Please 라인은
섬세하게 접힌 주름의상들로 가득하다.
그는 일본의 전통 종이접기 예술인 오리가미 기법을
재단기술에 응용해 착용자가 움직일 때마다
새롭게 변모하는 실루엣의 옷을 만들어냈다.
가볍고 구김이 없으며 입는 이에게 자유를 주는
그의 플리츠 의상이
많은 여성들에게 사랑을 받는 것은
어찌 보면 당연하다.

프랑스의 역사가 아나톨 프랑스는 "당신네 나라의 옷을 보여주세요. 그럼 그 나라의 역사를 써드리겠습니다."라고 말했다. 그는 많은 주류 사학자들이 옷의 역사를 간과하는 현실을 개탄했던 사람 중 하나였다. 내가 패션의 역사와 미학을 연구하는 큐레이터가 되겠다고 결심을 한 건 한 편의 미술 전시 때문이었다. 영국의 런던 내셔널 갤러리에서 열린 'Fabric of Vision'이란 전시회였다. 여기에 전시된 미술작품들은 의상의 주름을 통해 시대정신을 읽고, 그 속에 담긴 인간의 다양한 욕망을 풀어내려는 시도를 하고 있었다. 오랫동안 패션 바이어로 살면서 'Fabric'이란 단어를 직물이란 의미로만 알고 있던 내겐 적잖이 충격이었다. Fabric이란 단어가 사전적 의미로는 천, 직물이라는 뜻이지만 사회의 구조란 뜻도 있었던 것이다. 'Fabric of Vision'이란 전시가 한 시대의 직물과 주름에 담긴 '시각적 관점과 구조'를 밝히고자 했다는 사실을 수차례 전시를 본 후에야 깨달았다. 그림 속 옷 주름을 살살 펼쳐보니 시대의 풍경과 숨어있는 이야기가 보이기 시작했다.

고대 이집트 시대, 왕은 빗살무늬 주름이 방사형으로 퍼지는 삼각형 모양의 에이프런을 걸쳤다. 이 옷의 주름은 왕의 절대 권력을 태양의 햇살에 비유한 것으로, 왕은 곧 태양이기에 태양을 상징하기 위해 옷의 주름을 섬세하게 넣었던 것이다.

고대 로마로 가면서 주름은 인간의 지위와 탁월성을 드러내는 도구로 발전한다. 그들이 입었던 관복 토가toga의 주름은 자신들의 심미안과 지적 능력을 드러내는 수단이었다. 어떤 방식으로 접어 자연스런 주름을 만드는가에 따라, 그의 심미적 태도와 개성이 드러났다. 주름을 섬세하게 만들되, 남성의 경우 신체의 근육이 적절하게 드러나도록 해야 했다.

중세시대, 주름은 다른 형질로의 전환을 맞는다. 사람들은 신 앞에서 자신의 욕망을 철저하게 배제하기 위해, 되도록 옷 주름이 잡히지 않는 두터운 모직으로 만든 후드 의상을 입었다. 한두 개의 굵은 주름만 만들어 그 속에 세상을 향한 욕망을 압축해 넣었다. 중세 사람들은 옷의 조형요소인 주름이 가진 아름다움을 이미 알고 있었던 것 같다. 신보다 더 아름다워지고자 하는 욕망을 충족시켜주는 디테일인 주름을 최대한 숨기고 억압했던 걸 보면 말이다.

르네상스로 가면 주름은 더 깊은 의미를 토해낸다. 이 시대, 주름은 옷의 의미를 지배하는 주요한 요소가 된다. 관능, 성에 대한 열망, 신성과 순결함과 같은 관념이 옷의 주름을 통해 발산된다. 이때 주름은 역사의 주체로 당당하게 선 개인의 내밀한 욕망을 투영하는 장치였다. 당시 엘리자베스 1세 여왕의 목 부위를 장식하던 러프(레이스에 풀을 먹여 정교하게 주름을 잡은 르네상스 시대의 칼라)에는 권력의 정점에 있는 존재의 신성함, 더불어 평생을 독신으로 살며 '나는 영국과 결혼했다'고 말하는 권력자의 순결함을 보여주기에 충분했다.

역사에서 인간이 가장 아름다움을 탐하던 시기였던 바로크와 로코코, 그 200년의 시간 동안 주름은 책략과 농간, 정치적 기술을 드러내는 도구로 활용되었다. 여인들은 속살이 드러나 보이는 반투명 드레스에 정교하게 잡은 주름을 넣어 남자들을 농락했고, 남자들은 왕의 측근임을 드러내는 궁정의 공식예복 쥐스토코르아 브레베 justaucorps á breve란 재킷에 레이스로 다양한 주름을 만들어 장식했다. 이 옷은 궁정 내의 권력과 서열관계를 드러내는 지표로서, 오늘날 최고의 유력인사들에게만 송부되는 샤넬 패션쇼의 초대장처럼 왕과 독대할 수 있는 초대장과도 같았다. 귀족들은 왕이 매년 40명을 간택하여 부여하는 이 옷을 얻기 위해 갖은 충성경쟁을 벌였다.

인간이 본격적으로 옷에 주름을 만들어 언제 어디서나 입기 시작한 것은 생각보다 오래되지 않았다. 2차 세계대전이 지나고 나서야 합성섬유의 출현과 더불어 세탁에 견딜 수 있는 영구 주름인 퍼머넌트 플리츠가 등장한다. 인간은 오래전부터 지위와 욕망을 투영한 주름을 오래오래 소유하고 싶어 했지만, 이 기술이 발명되기 전까지만 해도 주름은 매우 소수의 권력자들만이 가질 수 있었다. 이렇게 옷을 구성하는 요소 중 하나인 주름만으로도 역사의 일면을 읽을 수 있다는 사실이 놀랍지 않은가?

패션에서 주름은 옷을 장식하는 방법 가운데 매우 필수적인 요소다. 주름은 옷에 표정을 만들어주는, 즉 옷을 조형하는 요소다. 주름에는 타력에 의해 인위적으로 만들어지는 주름과 자연적으로 만들어지는 주름이 있다. 인위적인 주름은 또 기계를 통해 영구적으로 만드는 주름인 플리츠pleats와 여성의 실루엣과 볼륨감을 유지하기 위해 남겨두는 개더gather 주름으로 나뉜다.

주름은 옷의 폭을 줄여서 접은 '금fold'이다. 이 금은 값비싼 '금gold'보다 더한 매력과 메시지를 발산한다. 주름은 이 접힌 선들이 누적되며 만들어내는 풍경으로, 선은 그것을 만들어내는 주체의 힘의 강약과 반복되는 정도, 순간의 밀도에 따라 무궁무진한 표정을 지어낸다. 선이 반복되며 만들어내는 옷의 인위적 주름은 그 자체로 '살아있음'이란 현 존재의 상태를 시각적으로 가장 완벽하게 보여준다. 또 누적되는 선은 삶 속에서 리듬감을 만들어낸다. 우리의 세상이 율동미로 가득한 세계임을, 그 세상 속에서 주름의상을 입고 신나는 인생을 살아보라며 부추긴다.

한편, 섬세하게 접힌 주름의 내면에는 생명의 물질이 고이고, 온축된 공기를 머금으며, 인간을 껴안는 따스함이 있다. 자신의 몸을 접어 앞으로 나가는 배추벌레를 보라. 섬세한 주름이 잡힌 벌레의 마디마디는 미약한 생명을 스프링처럼 앞으로 추진시키는 힘이다. 나무의 나이테 역시 일종의 주름이다. 나무가 감내해야했던 세월의 모진 풍상과 흔적을 말해주는 지표다.

바이올린의 재료가 되는 가문비나무를 예로 들어보자. 오로지 고지대에서 자란 가문비나무만이 바이올린의 재료가 될 수 있다. 고지대의 가문비나무는 최소한의 빛이라도 자신의 몸으로 끌어들이기 위해 하늘을 향해 가지를 내고, 음지 부분의 잔가지들은 스스로 잘라버린다. 수목한계선이라는 극한의 추위와 메마름을 이겨낸 가문비나무만이 좋은 악기가 낼 수 있는 '울림'을 준다고 한다. 옷의 주름과 가문비나무의 나이테는 타인을 향한 '울림'을 발산한다는 점에서 서로 닮았다.

바다의 잔물결들은 또 어떤가? 바다의 잔물결 역시 바다의 '표정'과 같다. 주름은 결국 살아있는 모든 것들과 호흡하며, 살아있음의 순간을 누리고 만끽하는 모든 생명체의 표식이다. 세상을 주름잡고 싶은 이들은 기억하라. 당신들이 살아내는 하루하루가 모두 주름처럼 접혀져서, 아름다운 한 벌의 옷 같은 인생이 될 것이라는 걸. 일단 그 전에 입고 있는 옷 주름부터 잘 잡아볼 일이다.

바흐의 갈색 구두가 내게 들려준 이야기

feat. 파블로 네루다

아이의 발은 아직
그것이 발인 줄 깨닫지 못한다.
그저 한 마리 나비이거나 사과가 되고 싶어 하지.
하지만 시간이 흐르며 돌들과 유리조각, 거리, 거친 땅의 길들은
아이에게 그 발이 날 수 없음을 가르치지.
가지 위에 탐스럽게 열리는 과일이 될 수 없다는 것도 알려주겠지.
그 후에야 아이의 발은 전쟁에서 패배한
구두를 식량 삼아 살아야 하는 수인의 운명인 것을
깨닫게 될 거야.

20세기 가장 위대한 시인이라 일컬어지고 있는 파블로 네루다.
칠레 공산당에 입당한 이후 정치적 행보로 인해
그는 평생을 가시밭길을 걸어야 했다.
오랫동안 외국에서 망명생활을 하며
보헤미안으로서의 삶을 살아서일까.
그의 시에는 유독 '구두'가 많이 등장한다.
'나는 태연하게 거닌다,
눈을 부릅뜨고, 구두를 신은 채,
분노하며, 망각을 벗 삼아, 걷는다',
'구두와 오솔길로는 이제 충분치 않고,
지구는 방랑자한테 더 이상 필요치 않다.'
그에게 구두는 자신의 길을 만들어주고,
떠돌이로서 살았던 그의 시간들을
버텨준 원동력이었는지도 모른다.

얼마 전 떠났던 유럽여행에서 가장 기억에 남는 건, 음악의 아버지 요한 세바츠찬 바흐의 생가가 있는 아이제나흐에 들른 일이다. 인구가 4만 명이 채 되지 않는 작은 소도시지만, 음악의 아버지가 태어난 이곳을 들르는 사람들의 수는 적지 않다. 바흐의 생가는 현재 박물관으로 사용되고 있는데, 1층에는 바흐가 활동했던 시대에 사용되었던 오르간, 쳄발로, 팀파니 등 다양한 악기들이 전시되어있다. 더 멋진 건 이곳의 큐레이터가 직접 악기를 연주해주며 바흐와 당시의 예술, 문화에 대해 친절하게 소개해준다는 점이다. 2층에서부터는 본격적으로 바흐와 관련된 유물들이 소개가 되는데, 바흐 가족이 가문 대대로 읽었다는 채색 삽화들이 들어있는 중세시대의 성경에서부터, 바이마르에서 궁정악사로 일하던 바흐가 새로운 음악을 연구하기 위해 사직서를 낸 후 '괘씸죄'로 4주간 감금을 당했던 감옥의 열쇠까지, 흥미로운 게 많았다. 그 가운데 단연 내 눈에 띄었던 것은 갈색 가죽구두 한 켤레였다.

바흐는 어린 시절 부모님을 여의고 큰형이었던 요한 크리스토프에 의지해 살았는데, 열다섯 살 무렵 형과 함께 살았던 오르트루프를 떠나, 350킬로미터 떨어진 뤼네부르크로 간다. 이곳의 성 미카엘 수도원 학교에 합창 장학생으로 선발되었던 것이다. 어린 바흐에게 350킬로미터는 꽤 먼 거리였겠지만, 그는 외롭지 않았다. 게오르크 에르트만이란 평생의 친구가 함께 이 길을 걸어주었기 때문이다. 그때 그가 신었던 가죽구두가 박물관에 전시돼있었다.

바흐에게 이 갈색 가죽구두는 새로운 삶과 음악의 지도 밖으로 행군할 수 있도록 도와준 물건이었다. 뤼네부르크로 거처를 옮긴 후 바흐는 본격적으로 작곡을 위한 독습에 매진한다. 특히 뤼네부르크에는 150년의 역사를 가진 악보 도서관이 있었는데, 바흐는 이곳에서 몇 날 며칠을 악보를 사보하면서 옛 악보들을 자신의 것으로 소화했다. 뿐만 아니라, 이곳에서 함부르크까지 60킬로미터를 왕복하며 당대의 유명 오르가니스트들의 연주를 직접 듣기도 했다. 연주자 겸 작곡가로서, 자신의 지평을 넓히기 위해 그는 걷고 또 걸었다. 갈색 가죽구두를 신고.

고대 그리스에서 신발은 노예와 자유민을 구별하기 위한 지표였다. 그리스 철학자 플루타르코스Plutarchos는 "맨발은 노예의 비천함의 표시다."라고 말했다. 고대 그리스 시대의 노예는 신발을 신는 것이 결코 허락되지 않았다. 이 당시 노예들은 석고로 발을 싼 상태로 시장에서 매매되었다. 이들을 '백색 석고를 한 인간'이란 뜻의 크레타티cretati라고 부른 건 이런 이유에서였다. 신발을 신는다는 것은, 내 앞에 놓인 길을 스스로 '걸을 수 있는' 자유로운 존재라는 것을 의미한다. 이와 더불어 걸어가는 방향 또한 스스로 결정할 수 있다는 것을 뜻한다. 영어에서 '내가 당신의 입장이라면'이란 뜻으로 'If I were in your shoes'란 표현을 쓰는 것도 신발이 한 인간의 자유와 권리를 뜻하게 된 데서 연유한 것이다.

역사 속에서 가난한 노동계층이 자신의 신발을 갖기란 늘 쉽지 않은 일이었다. 이는 자유와 권리를 획득하기 쉽지 않았다는 뜻이리라. 1748년 영국 노동자들의 구두 밑창에는 무거운 징이 박혀있었고, 뒤꿈치에는 금속으로 된 말굽이 달려있었다. 이것들은 구두를 오래 신기 위한 일련의 장치였다. 당시 구두 한 켤레의 값이 노동자들의 반 달치 봉급과 맞먹었다. 상황이 이렇다 보니, 누군가에게 구두를 선물하거나 증여하는 일이 당시로서는 매우 관대한 행동으로 인식되었다. 르네상스 시대 영국의 존 리처드란 시민은 유언장에다가 "나는 나의 장례식 때 스물네 명의 가난한 사람들에게 스물네 켤레의 구두를 선물하겠다."고 적기도 했다.

인간은 하루 평균 만 보쯤을 걷는다. 이로 인해 우리의 발에 가해지는 압력은 거의 500톤 정도다. 45킬로그램의 발레리나가 발 끝을 들어 올리는 동작을 한 후 마루에 떨어질 때, 거의 250킬로미터의 압력이 발에 가해진다고 한다. 이때 발바닥에 걸리는 족압을 균일하게 퍼뜨려주며 발을 보호하는 것이 신발이다. 신발은 인간의 삶을 앞으로 나아가게 하는 중요한 신체 부위인 발을 감싸주는 패션 아이템이자 보호대다. 그러나 신발에는 단지 발을 감싸는 것 이상으로 깊은 의미가 담겨있다. 신발이 지나 다닌 수많은 길과, 그 길 위에 새겨졌을 신발의 자취들은 그 사람이 걸어온 역사를 뜻한다. 개인의 학력이나 경력 등을 적은 이력서履歷書가 '밟을 이', '신 이' 자를 써서 '신발이 걸어온 역사'라는 뜻을 가진 것도 그 때문이다.

어린 시절, 퇴근하신 아버지의 구두를 벗기다가 단단하게 굳은 살이 박인 아버지 발을 손으로 꾹꾹 누르면, 아버지는 항상 웃으며 "우리 막둥이가 아무리 눌러도 안 아프다."며 웃으셨다. 세월이 지나 내가 운동화에서 구두로 갈아 신는 나이가 되고, 정장 차림의 비즈니스맨이 되면서 알게 되었다. 땀 냄새가 밴 아버지 구두에는 아버지의 온 삶이 담겨있었다는 것을. 막둥이를 위해 퇴근할 때 항상 티나 크래커를 사오셨던 아버지는 가장으로서 하루도 쉬지 않고 고단하게 걸었을 테다. 젊었을 적 바이올린을 공부하셨던 아버지는 결혼 후 음악을 포기했다. 하지만 나와 손녀를 위해서라면 언제나 바흐의 바이올린 곡을 연주해주시곤 했다. 그런 아버지가 올해 봄, 사고로 돌아가셨다. 미성년자가 과속으로 몰던 자전거가 보행도로를 침범하면서 걸어가던 아버지를 정면으로 친 것이다. 너무나 황망하게 아버지를 잃었다. 아버지에게 수의를 입히고 꽃신을 신기며 나는 한없이 울었다. 아버지의 꽃신이 앞으로 다가올 새로운 세상의 첫걸음을 위한 신발이 되길 소망했다. 그리고 일주일 후, 나는 이제 막 걸음마를 떼기 시작한 딸을 위해 신발을 샀다. 아직은 한 마리의 나비 같고, 탐스러운 사과망울 같은 내 딸의 발에도 언젠가 세상을 걷는 법을 알려줄 신발을 신길 날이 올 것이다.

신발에는 우리가 걸어온 길의 흔적이 깊숙이 새겨져있다. 발은 한 인간을 성장시키는 시련과 고난이 펼쳐지는 땅이다. 이 고난의 행진은 죽는 날까지 계속된다. 그러나 이제 그 길이 두렵지만은 않다. 함께 손을 잡고 걸어가는 이들이 있으므로. 이젠 그 길을 딸과 하늘에 계신 아버지와 함께 걸을 것이다. 아직은 쓸 만한 내 갈색구두를 신고.

안경을 끼면 비로소 보이는 것들

feat. 바뤼흐 스피노자

17세기 네덜란드 철학자 스피노자는
신성을 모독했다는 이유로 유대 사회에서 추방되고,
그의 모든 저작이 가톨릭교회의 금서 목록에 올랐던
비운의 철학자였다.
이후 그는 안경 렌즈를 세공하는 일로
생계를 꾸려나가면서
철학 탐구를 계속했고,
결국 근대 합리론을 대변하는 철학자가 되었다.
20세기에 이른바 '스피노자 르네상스'를 일으켰던
프랑스의 철학자 질 들뢰즈는

스피노자의 위대함에 대해 이렇게 요약했다.

"그는 단지 영감을 불러일으키고, 일깨우고,
보게 하려고 했을 뿐이다.
제3의 눈으로서의 증명을 요구하거나
심지어는 설득하려는
목적을 갖고 있지 않으며,
단지 영감을 얻는 이 자유로운 전망을 위해
안경을 만들거나 안경 렌즈를 세공하려 할 뿐이다."

안경테를 하나 샀다. 이 안경테라는 게 은근히 요물이다. 어떤 것을 고르는가에 따라 얼굴 인상이 확연히 달라지기 때문이다. 우리가 옷을 고를 때 디자인과 색, 소재의 재질감, 내 몸과 옷의 실루엣이 어울리는지 등을 꼼꼼하게 따져보듯이, 안경도 그렇게 골라야 한다. 안경은 시각보정 기능을 넘어 인간의 얼굴에 선과 응축된 감정을 그리는 붓이다. 이 붓은 얼굴을 가로지르며 기존 얼굴 형태가 가진 단점을 가려주고 새로운 느낌을 창조해낸다. 안경테만큼 얼굴 선에 활력을 불어넣어 주는 것도 없다.

안경테를 선택하는 기준은 그 사람의 얼굴형과 타인들에게 보이는 이미지다. 가령 얼굴이 길 경우엔 좌우로 긴 모양의 안경테를 써서 타인의 시선을 옆으로 분산시켜야 하고, 이마가 좁고 넓은 턱을 가진 삼각형 얼굴일 경우엔 사각형이나 끝이 위로 올라간 폭스형 안경테가 제격이다. 어떤 형태의 안경테를 쓰느냐에 따라 타인에게 보여지는 이미지가 달라질 수 있다. 또 안경테는 소재가 정말 중요하다. 금, 은, 철과 같은 금속 프레임은 예리한 인상을 주고, 뿔 프레임은 지적이고 온화한 느낌을 발산한다. 안경을 구성하는 다섯 가지 요소는 안경다리(템플), 코 걸침 부분(노즈헤드), 테(림), 코걸이(브리지), 귀 걸침 부분(엔드 피스)이다. 안경을 쓴다는 건 다섯 가지 조합을 통해 자신의 얼굴에 선을 긋는 행위다.

오늘날 안경이란 뜻으로 사용하는 아이웨어eyewear는 1926년 옥스퍼드 사전에 정식 용어로 등재되었다. 아이웨어란 말 그대로 '눈을 위한 옷'이란 뜻이다. 이 표현은 〈글래스고 해럴드Glasgow Herald〉란 신문에 등재된 안경 광고문에서 유래했다. 이전만 해도 안경이란 항상 손으로 쥐어야 하는 도구였기에 눈과 렌즈를 직접 연결하는 사물로 보지 않았다. 안경의 기원에 대해서는 학자들마다 의견이 분분하다. 1268년 영국의 수도사 겸 과학자인 로저 베이컨이 처음으로 고안하여 썼다고도 하고, 1270년 제작되었다는 중국의 안경 유물을 근거로 중국이 최초로 안경을 제조한 나라가 아닐까 추정해보기도 한다. 그런데 정작 중국은 11세기 중동으로부터 안경 제조 기술을 수입했다고 주장한다. 순서가 어떻게 되었든 중요한 건 시각 교정용 안경이 13세기 후반 베네치아 유리공들에 의해 개발되었고, 이것이 본격적으로 사용된 시기는 14세기라는 것이 일반적인 정설로 받아들여진다는 것이다.

중세의 안경기술은 책의 보급과 함께 발전했다. 독일의 구텐베르크가 인쇄기를 발명하기 전까지 책은 일일이 손으로 적는 필사에 의해 제작되었는데, 한 권 제작하는 데 보통 두 달이 걸리는 수준이었다. 인쇄기가 발명된 이후부터 일주일에 500권 정도의 출판물 발행이 가능해지자, 책의 수요가 폭발적으로 증가했고, 더불어 안경의 수요도 늘어났다. 중세의 출판도시 뉘른베르크가 고품질의 안경을 제작하기로 유명한 까닭은 바로 이 때문이다.

16세기 후반까지 안경의 가격은 철저하게 고정되어있었다. 값싼 안경을 몰래 팔다가 들킬 경우 시 당국으로부터 몰수를 당하기도 했다. 구텐베르크의 활자술 이전의 안경은 극소수의 예외적인 인사만이 사용하는 사치품이었다. 동양에서도 마찬가지로 안경은 아무나 착용할 수 없는 고가의 상품이었는데, 중국 송원 시대 안경 한 개의 값은 말 한 필의 값과 맞먹었다. 인쇄혁명 이후 안경은 생활의 필수품이 되어 대중에게 급속히 보급되었다. 그러다 17세기에 이르면서 안경의 역사에 획기적 변화들이 일어났다. 우선 오목렌즈의 근시경이 보급되면서 대중에게 유통되기 시작했고, 안경을 구매할 때 시력검사를 해주는 서비스까지 등장했다. 그 당시 유럽 상류사회에서는 색을 입힌 렌즈를 끼고 태양을 바라보며 행복을 기원하는 의식이 유행하면서 색안경이 각광받았다. 바로 선글라스가 본격적으로 등장한 시점이었다. 1750년대에는 런던의 한 검안사가 안경테를 만들었고, 18세기 후반에는 에드워드 스칼렛이라는 검안사가 안경다리를 개발하면서 비로소 안경은 인간의 귀에 걸리게 되었다. 18세기에는 사치스런 케이스와 함께 진주나 금 같은 고가의 재료로 만든 안경이 귀족 계급층에서 유행했다. 귀족들은 안경을 통해 자신이 '책을 읽는' 지적인 인간임을 드러내고자 했다. 안경이 시력을 보정하는 본래의 기능에서 한 발 더 나아가 이미지를 스타일링하는 패션 아이템으로 변화한 것이다. 이 시기 안경은 에로틱한 오브제로도 사용되었다. 사람들은 가면무도회에서 가면과 안경을 혼용했는데, 검은색 벨벳으로 감싼 안경 형태의 가면은 여인들의 우윳빛 목과 어깨선을 두드러지게 하는 효과를 가져왔다. 사람들이 당시 안경가면을 '작은 늑대'라고 불렀던 건 이런 이유에서였다. 안경은 어떤 부위에 걸치느냐에 따라 타인의 시선을 우리 몸의 특정한 부위로 끌어당기는 역할을 한다. 안경을 머리 위에 올려놓거나 줄에 매달아 봉긋한 가슴 위에 배치시킴으로써 가슴으로 시선을 모으는 관능의 집광기 역할을 하는 것이다.

안경은 코 부위를 다리 삼아 두 개의 창을 두 다리로 연결한 세계다. 안경은 흐릿하고 뿌연 세상을 선명하고 밝은 세상으로 이어주는 다리다. 프랑스어로 안경lunettes의 어원은 달lune과 의미상으로 연결된다. 여기서 재미있는 것 한 가지, 밝음을 의미하는 한자의 '명明'은 그저 해日와 달月의 결합이 가져다주는 효과를 말하는 것이 아니다. 해와 달이 만나 밝다는 뜻이 있기도 하지만, 무언가를 깨달았을 때 찾아오는 마음 깊은 곳으로부터의 밝음이란 뜻도 있다. 노자는 《도덕경》에서 사물을 바라봄의 관점으로 명明을 이야기한다. 해만 보는 것도, 달만 보는 것도 아니라 양편을 모두 품을 때 나오는 인식이 바로 통찰이며, 노자는 이것을 '밝을 명'이라고 하였다. 해와 달같이 한 자리에서 함께할 수 없는 대립적인 세계, 즉 이분법적인 두 세계를 우리의 시각이 동시에 포용할 때 마침내 '밝음'의 상태가 된다는 뜻이 아닐까?

안경은 인간의 시각이 갖추어야 할 지향점을 잘 보여준다. 안경이 두 개의 창으로 구성된 이유는 어느 한쪽으로 치우치지 않고 균형 잡힌 시각으로 세상을 보라는 의미일 테다. '색안경을 쓰고 보다'라는 표현을 떠올려보라. 이 말에는 우리가 어떤 사물이나 사람, 현상을 볼 때 있는 그대로가 아닌 '학습된 편견'을 갖고 보기 쉽다는 뜻이 담겨있지 않은가. 여기에 두 창을 받치고 있는 안경다리는 튼튼하되 귀 부위를 부드럽게 안으며 휘어있다. 이건 마치 중심을 지키는 동시에 유연한 생각을 하라는 신호와 같다.

안경은 우리로 하여금 보이지 않던 것을 보이게 해주고 흐릿한 것을 또렷하게 보이도록 해준다. 하지만 때때로 안경을 벗어보는 것도 필요하다. 이탈리아의 세계적 좌파 정치학자이자 '지성인들의 지성'으로 꼽히는 안토니오 네그리Antonio Negri는 안경을 쓰고 보는 것보다 안경을 벗고 보는 것이 때론 더 잘 보인다고 했다. 세상을 정확하게 보기 위해서는 누군가가 만들어서 씌워놓은 안경을 벗어던지는 일도 필요하다는 뜻이다. 썼다 벗었다 할 수 있는 것이 바로 안경의 묘미 아니겠는가.

단추라는 꽃봉오리

∧∧∧∧∧∧∧∧∧∧∧∧∧∧∧∧∧∧∧

의복의 역사를 바꾼 작지만 위대한 발견

feat. 천양희

단추를 채워보니 알겠다.
세상이 잘 채워지지 않는다는 걸.
단추를 채우는 일이 단추만의 일이 아니라는 걸.
단추를 채워보니 알겠다.
잘못 채운 첫 단추, 첫 연애 첫 결혼 첫 실패
누구에겐가 잘못하고 절하는 밤.
잘못 채운 단추가 잘못을 깨운다.
그래, 그래 산다는 건 옷에 매달린
단추의 구멍 찾기 같은 것이야.

천양희 시인의 〈단추를 채우면서〉라는 시다.
시인은 오와 열을 맞춰 달려있는 단추를 통해
웅숭깊은 생의 통찰을 보여준다.
단추는 생의 각 단계에서 사회적 사건을 맞이하는
마음의 태도를 보여주는
상징적 사물이다.
우리가 사회에 첫발을 내디딜 때,
'첫 단추를 채운다'라고 말하는 건
'여밈'이라는 단추의 기능적 특징이
사회적 의미로 확장된 탓이다.
성급히 채우다 실수하면 하나하나 다시 풀어서
채워야 하는 게 단추의 숙명이다.

단추의 역사는 기원전 6000년 이집트 시대까지 거슬러 올라가는데, 당시의 단추는 두 개의 옷자락을 동물 뼈나 금속 핀 등으로 찔러 끼우는 형태였다. 이후 기원전 1세기경, 구슬 형태의 금속 단추를 루프 형태의 고리에 끼우는 단추가 등장했는데, 그 모습이 꽃봉오리와 닮았다고 해서 같은 뜻의 프랑스어 'bouton'이라 부르던 것이 오늘날 버튼button이 되었다.

단추를 풀고 잠그는 방식은 한 시대의 서사를 써내려간다. 로마 시대까지 단추는 옷을 잠그는 기능적인 면보다는 장식적인 요소로 사용된 경우가 많았다. 그러다 단춧구멍과 짝을 이루어 옷을 고정시키는 용도로 사용하기 시작한 것은 13세기에 십자군 원정대가 돌아온 이후였다. 터키와 몽골에서 귀향한 십자군 원정대는 단추의 새로운 기능을 서방세계에 전했다. 이 새로운 고정 도구의 도입으로 의복의 역사도 바뀌게 된다.

1250년경 프랑스에서는 최초의 단추 제작자 조합이 만들어졌다. 당시에 사용되던 단추는 귀금속이나 보석으로 만들어졌기 때문에 농민이나 평민 계급은 가질 수 없었다. 14세기에 의복에도 실용성이 강조되면서 단추의 재료도 값이 저렴한 놋쇠나 구리, 유리로 대체되었고, 덕분에 여자들은 처음으로 팔 모양이 그대로 드러나는 좁은 소매에 몸의 선을 강조하는 옷을 입을 수 있었다. 목둘레와 소매의 크기를 맞출 수 있게 된 것이다. 결국 단추의 발명과 더불어 인간은 비로소 자신의 신체를 효과적으로 드러낼 수 있었다.

르네상스 시대에는 몸에 딱 붙는 상의가 유행하면서 남성과 여성 모두 팔을 강조하는 디자인이 대세였다. 특히 팔뚝 부분을 에로틱하게 보이도록 타이트하게 조였는데, 이때 소매 선을 따라 작고 매혹적인 단추들을 일렬로 장식하곤 했다. 각종 귀금속과 크리스털, 구리, 유리, 천 등으로 만든 단추는 인간의 시선을 성적 매력이 가득한 신체 부위로 모이게끔 강조하는 기능을 했다. 단추는 소재와 그 사용에 있어 계급에 따른 차별이 엄연히 존재했다. 계급별 사용 가능한 사치품목을 규정한 법령에 따라 왕과 최상위 귀족만 금이나 은으로 세팅한 단추를 사용했다. 16세기 프랑스의 프랑수아 1세는 1만 3,600개의 금 단추로 장식된 웃옷이 있었다 하고, 영국의 엘리자베스 1세는 48개의 금 단추 장식이 있는 장갑을 착용했다고 한다. 왕족이나 귀족들은 포켓 덮개와 커프스, 스커트 주름 상단에 수많은 단추를 달아 장식했는데, 이는 부와 권위의 상징이었다. 이후 17세기 바로크 시대에 접어들면서 단추는 본격적인 멋과 장식, 궁정 내의 서열과 위상을 드러내는 기호가 된다. 이 시대에는 서식처 단추habitat button라 하여 말린 꽃이나 연인의 자른 머리칼, 작은 벌레 같은 것들을 유리단추 속에 넣어 제작해 달고 다녔다고 하는데, 그걸 보면 끊임없이 뭔가를 발명해내는 인간의 상상력도 참 다채롭다.

단추가 급속도로 보편화된 것은 근대 이후부터다. 독일에서 1770년 금속 단추 제조기술이 발명된 이후 단추의 대량생산이 가능해지면서 단추는 일반 대중에게도 널리 사용되었다. 1907년 플라스틱이 발명되면서 단추산업은 크게 발전했지만, 그 결과 단추의 가격은 급속히 떨어졌고 단추는 더 이상 신분 과시의 수단이 아닌 흔하디 흔한 일상적 물건이 되었다.

단추는 보통 입는 사람의 입장에서 남자 옷에는 오른쪽에, 여자 옷에는 왼쪽에 달려 있다. 왜 남자와 여자의 옷에 반대로 단추가 달려있는지 그 이유를 알 수 있는 명확한 기록은 없지만 몇 가지 유력한 설이 있다. 중세시대에는 남자들을 자립적인 존재로 보고 스스로 옷을 입고 단추도 채울 수 있다고 생각했다. 따라서 대부분의 사람이 오른손잡이인 것을 감안해 남자의 경우는 오른쪽에 단추를 달았던 것이다. 반면 여자는 하녀의 도움을 받아 옷을 입었기 때문에 수동적이고 의존적인 존재로 보고 단추를 왼쪽에 달게 되었다. 또 다른 설로는 기사들이 결투를 편하게 하기 위해서라는 얘기가 있다. 기사들은 칼을 주로 왼쪽에 차고 다녔는데, 칼을 뽑기 위해서는 칼을 덮은 웃옷 단추부터 풀어야 했다. 오른손으로 칼을 뽑고 왼손으로는 단추를 재빨리 풀기 위해 단추는 오른쪽에 달려있어야 했다는 설이다. 마지막으로 여자들의 모유수유에서 유래됐다는 설이 있다. 여성들은 일반적으로 아기를 안을 때 왼팔로 머리를 받치고 오른팔로 감싸 안기 때문에 아기에게 젖을 주기 위해서 왼쪽에 단추를 달았다는 것이다. 최근에 들었던 가장 재미있었던 가설은 어느 네티즌이 트위터에 올린 '남녀의 단추 위치가 다른 이유는 서로의 탈의를 쉽게 하기 위해서'라는 얘기다. 꽤 그럴듯하지 않은가.

퇴근 후 서둘러 셔츠를 벗다가 단추가 떨어져나갔다. 실밥이 풀려 땅바닥에 떨어진 단추를 주울 때 기분이 참 묘했다. 도열한 단추들 사이에서 떨어져나간 그 단추의 모습에서 획일화된 조직 속에서 도태된 나 자신이 오버랩되어서일까.

단추는 그저 옷을 여미기만 하는 소품이 아니다. 단추를 채우는 동안 우리는 생을 돌아볼 수 있다. 삶은 단추 채우기처럼 쉽고도 어려운 일이다. 한 가지 주의할 것이 있다면, 단추를 달 때는 반드시 목 부분에 작은 헝겊 패치로 여백을 두어 달아야 한다는 것이다. 너무 재촉하면 두 눈동자 사이의 틈에 균열이 가고 쉽게 떨어지기 때문이다. 어쩌면 단추는 의복뿐만 아니라 우리의 삶에도 리드미컬한 질서와 조율의 감성을 부여하는지도 모르겠다. 단추가 떨어졌다는 건 그만큼 내 삶의 호흡이 가파르다는 뜻이리라. 조금 쉬어야겠다.

지퍼의 운명
∧∧∧∧∧∧∧∧∧∧∧∧

짜증나는 발명품에서
20세기 최고의 아이디어 상품으로

feat. 레이 브래드버리

"지퍼가 단추를 대신하면서 인간은 새벽에 옷을 갈아입는 동안
그 만큼의 생각할 시간이 줄었다.
철학적 시간이 부족하게 된 것이다."

옷의 역사는 여밈의 역사라고 말해도 과언이 아니다.
여밈은 양쪽의 옷깃을 바로잡아
단정하게 합치는 행위다.
깃의 양쪽을 여미는 방식에 따라 성별은 물론
세계의 문화가 나뉜다.

'여미다'는 벌어진 옷깃을 단정하게 매무시할 때
쓰는 말이기도 하지만
마음이나 정신을 차분히 가다듬어
다잡을 때 쓰는 말이기도 하다.
관용구로 쓰이는 '옷깃을 여미다'는
경건한 마음으로 옷을 가지런하게 하여
자세를 바로잡는다는 의미다.
즉, 여밈은 옷을 입는 인간에게
마음의 결을 가다듬을 수 있는
성찰의 기회를 가져다준다.
매듭에서, 단추로, 단추에서 지퍼로,
인간의 여밈 방식은 속도와 효율을 높이는
방향으로 진행되었지만,
어쩌면 그 과정에서 '자아'를 단단하게 벼리고
성찰할 수 있는 철학의 시간을 잃어버렸는지도 모른다.

"YKK가 뭐예요, 선생님?"

청바지 지퍼 상단에 새겨진 'YKK'라는 영문 이니셜이 무슨 뜻이냐고 묻는 이들이 자주 있다. YKK는 1934년 일본의 요시다 타다오가 설립한 지퍼제조회사로, 자신의 이름을 딴 요시다 공업주식회사Yoshida Kogyo Kabushikikaisha의 첫 글자를 딴 것이다. YKK를 조그마한 지퍼나 만드는 회사라고 결코 만만하게 봐서는 안 된다. 연간 75억 개의 지퍼를 생산하며, 세계 지퍼시장의 절반을 차지하는 YKK는 세계 60여 개국에 132개의 자회사를 거느린 패션 부자재 제국이다.

패션은 인간의 신체와 함께 진화해왔다. 인간이 옷을 입는 과정에서 '여밈'이란 행위는 추위로부터 인간을 최대한 보호하기 위한 장치였다. 고대의 옷고름에서 중세의 단추로, 또 근대의 지퍼로 넘어오면서 인간을 감싸는 옷의 실루엣에도 변화가 생겼다. 일단 옷을 입는 시간이 단축되었다. 고대 로마의 귀족들이 입었던 토가는 무겁고 긴 한 장의 천을 몸에 둘러 입는 방식의 옷이었는데, 우아한 주름을 내려면 두세 명의 하인이 평균 두세 시간 정도에 걸쳐 작업해야 했다. 그러다 단추가 발명되면서 인간이 옷을 입는 속도는 훨씬 더 빨라졌고, 지퍼가 발명되자 인류의 삶에 획기적인 편리함이 제공되었다.

지퍼는 1891년 미국 중서부 지역의 떠돌이 세일즈맨이었던 휘드 컴 저드슨이 구두 끈 대신 사용하기 위해 발명했다. 체격이 크고 뚱뚱했던 그에게 몸을 굽혀 구두 끈을 매는 일은 보통 불편한 일이 아니었다. 그는 '어떻게 하면 구두 끈을 편하게 묶을 수 있을까?' 생각하다 마침내 '지퍼 구두'를 발명했다. 이후 1913년 스웨덴 출신의 전기 기술자인 기디언 선드백의 개량을 통해 '훅hook 없는 잠금장치'인 지퍼가 오늘날과 같은 형태로 만들어졌다. 하지만 패션계는 선드백의 참신한 발명품을 반기지 않았다. 그때만 해도 고급 의류에 달리는 단추는 옷과 같은 재질로 단추의 표면을 싸서 의복 제작에 사용했을 만큼 튀지 않고 옷에 은은하게 묻어가야 하는 요소였기 때문이다. 이런 단추나 훅에 비해 가격도 높고 옷의 재단방식을 완전히 바꿔야 하는 지퍼는 당시 패션계 입장에서 번거롭고 짜증나는 발명품일 뿐이었다.

하지만 지퍼는 운이 좋았다. 당시 1차 세계대전에 참전한 해군들의 담배쌈지와 전대에 지퍼가 이용되면서 돈줄이 될 만한 틈새시장을 찾은 것이다. 1923년에는 해군용 장화를 납품하던 세계적인 고무회사 굿리치가 신제품 장화에 '지퍼Zipper'란 이름을 붙이면서 장화 자체보다 더 유명세를 타게 되었다. 지프zip란 말은 총알이 날아가거나 천이 찢기는 소리를 나타내는 의성어로서 왕성한 기운을 의미하는 구어다. 말 그대로 총알이 빗발치는 전쟁터에서 기죽지 말고 열심히 싸우라는 뜻이 담겨있었다. 미군은 군복과 군화에 지퍼를 부착했고, 전쟁 이후에는 일반 시민들도 이것을 널리 사용하기 시작했다.

1930년대에 드디어 지퍼는 최고의 패션 부자재로 성장한다. 하이패션 디자이너들은 여성의 늘씬한 몸매를 드러낼 실루엣을 만드는 데 효과적이라는 이유로 지퍼를 선호했다. 지퍼는 은밀하게 감추어진 단추와 달리, 독립적인 디자인 요소가 되면서 패션 디자인에도 많은 영감을 불러 일으켰다. 특히 아동복 회사에서는 지퍼가 아이들 스스로 옷을 입고 벗을 수 있도록 도와주고, 이로 인해 '자립심'을 키울 수 있다며 이것에 대한 예찬을 대대적으로 늘어놓았다. 그리고 마침내 1937년, 단추와 지퍼 간의 길고 긴 '여밈' 전쟁에서 지퍼는 드디어 승리를 거둔다.

패션 품목은 사용빈도가 누적될수록 문화적 지위를 확보하는 경향이 있다. 사회 내부의 미묘한 미감과 감성을 드러내는 문화적 기표가 되는 것이다. 지퍼도 예외는 아니었다. 1932년 소설가 올더스 헉슬리는 소설《멋진 신세계》를 통해 과학문명의 과도한 발전의 결과로 인간성이 상실된 미래사회의 모습을 그렸다. 이곳의 인간들은 지퍼가 달린 옷을 입고, '지퍼 열고 닫기' 놀이 등을 하면서 비인간화된 전체주의적 세계를 보여준다.

1940년대 헐리우드 최고의 팜므파탈 리타 헤이워드는 영화〈질다Gild〉에서 영화사에 길이 남을 춤과 노래를 보여주었다. 밤무대에서 노래를 하며 옷을 벗는 무희 역할을 맡은 그녀는 "지퍼를 내리는 일에 익숙하지 않다."는 말로 남자를 매혹시켰다. 이때 지퍼는 여성의 성적 유혹을 환기시키는 강력한 도구로 작용했다. 그런가 하면 지퍼는 복종과 지배의 아이콘으로도 사용되었다. 지퍼는 여밈의 템포를 빛의 속도로 바꿔준 간편한 도구다. 옷을 벗기기 쉽도록 해서 상대방으로 하여금 성적으로 쉽게 다가올 수 있도록 한 것이다. 지퍼의 잠금쇠 돌출부를 살펴보면 남성의 성기가 연상되는 것도 한몫을 했다. 1960년대에 접어들면서 청년문화의 확산과 더불어 지퍼는 성의 해방을 상징하는 아이콘이 된다. 그 당시 할리우드는 청년문화에 눈을 돌리면서 기성세대에 대한 강력한 비판의식을 영화에 담았다. 청춘스타 말론 브란도가 주연한 〈위험한 질주〉가 그 대표적인 영화다. 말론 브란도는 영화에서 여러 개의 지퍼를 단 라이더 재킷을 입고 나와 젊은 세대의 반항과 자유를 표현했다. 이렇게 지퍼는 열림과 닫힘, 분리와 결합, 성적 유혹 등 여러 가지 의미를 담고 20세기를 찬란히도 빛냈다.

다시 YKK 이야기로 돌아가보자. 세계 지퍼 시장의 50퍼센트 이상을 점유하는 YKK의 성공비결은 CEO의 경영철학 덕분이다. YKK의 현 CEO는 창업자 요시다 타다오의 아들인 요시다 다다오시다. 아들은 아버지의 사업방식을 그리 좋아하지 않았다. 종교집단처럼 한 사람을 신격화하고 철저하게 내부자들만 이익을 공유하며 헌신을 강요하는 구조, 무엇보다 의사결정 과정에서 전문가의 의견을 무시하고 세세한 부분까지 경영자가 간섭하는 걸 못마땅해했다. 그는 회사 입사 후 노조위원장을 맡을 만큼 직원과의 소통을 중시했다. 그가 본격적으로 경영을 맡은 이후로는 선대의 경영방식을 혁파하여 '믿고 맡긴다'는 YKK의 새로운 경영철학을 세웠다. 경영자가 모든 것을 간섭하고 챙기기보다, 시스템 간의 원활한 교류가 이뤄지도록 한 것이었다. 그 결과 YKK는 10만 개가 넘는 고객사를 보유한 초일류 기업으로 성장할 수 있었다.

단추는 한두 개가 떨어져도 잠그는 데 큰 문제가 발생하진 않는다. 반면 지퍼는 이가 한 두 개만 어긋나도 거의 못 쓰게 된다. 지퍼는 한 손으로 입고 벗기가 쉬운 만큼 효율과 속도를 보장해주는 반면, 한번 망가지면 완전한 실패로 끝날 수도 있다는 점을 은유적으로 말해준다.

지퍼는 우리 생활에 없어서는 안 될 패션 부자재인 동시에 소통의 본질을 이야기해주는 사물이라 할 수 있다. 지퍼는 옷과 인간, 이 두 세계 사이에 벌어진 균열의 틈새를 미끄러지듯 부드럽게 연결하며 닫는다. 이 원리는 단순히 옷을 구성하는 기술에만 국한되지 않는다. 이를 소통에 적용해보면, 다음과 같다. 소통은 대상자들 간의 열림 상태를 지향하지만, 역설적으로 지퍼는 닫힘으로써 소통을 완성한다. 그 닫힘은 폐쇄가 아니라 외부로부터 내부를 보호하고 포용하는 닫힘이다. 우리 사회를 강타했던 메르스 사태의 문제를 이야기할 때 빠지지 않고 언급된 것이 소통의 부재였다. 비공개주의로 일관했던 관련 부처들은 이렇다 할 대책 없이 국민들에게 공포심만을 안겨주었다. 메르스의 확산 속도를 늦추고 국민들을 안심시켜야 했던 관련 부처는 서로에게 책임을 떠넘기기에 급급했고, 그들의 소통체계는 마치 이가 빠져버려 잠금 행위 자체가 불가능해진 지퍼 같았다. 이런 지퍼는 당장 수리부터 맡겨야 하겠지만, 우선은 탁상공론으로 현장 감각 하나 없이 상황을 인지하며 변명만 늘어놓는 관련자들의 입에 지퍼부터 채워야 하지 않을까.

코트는 원래 승마에서 탄생했다?

feat. 존 스타인벡

*"말 위의 인간은 대지 위의 인간보다
그 영혼과 신체가 강건하다."*

소설가 존 스타인벡은 윌리엄 포크너와 헤밍웨이의
뒤를 이어 미국 문학사에 위대한 족적을 남긴
미국을 대표하는 작가 중 한 사람이다.
1939년 퓰리처상 수상작인《분노와 포도》이외에도
《생쥐와 인간》,《에덴의 동쪽》같은 명작을 남겼고,
1962년에는 노벨문학상을 수상했다.

겨울의 대표적인 패션 아이템인 코트에 대한
이야기를 시작하면서 다소 엉뚱해 보이는
그의 말을 인용하는 데는 이유가 있다.
바로 코트가 스타인벡의 말처럼
'말 위의 인간'을 위한 옷, 바로
승마복의 발전과정에서 나온 것이기 때문이다.
또한 말과 인간과의 관계를 역사적으로 이해해야만
코트의 진정한 의미를 이해할 수 있다.
그럼 이제 코트에 관한 이야기를 살펴보자.

남자라면 누구나 옷장 속에 코트 한 벌 쯤은 있을 것이다. 코트는 17세기 이후 서양 재단기술의 진보가 이뤄낸 승리다. 코트를 통해 인간은 옷의 장식보다 몸의 맞음새 가 인간을 우아하게 만든다는 걸 깨닫게 되었다.

남성복은 크게 세 가지 방법을 통해 발전을 거듭해왔다. 노동자 계층의 작업복이 상위계층으로 천천히 퍼져나가거나, 군복에서 아이디어를 빌려오거나, 스포츠 활동을 위해 만들어졌다. 이 세 가지 방법이 가장 통합적으로 적용된 품목이 코트다. 그리고 코 트라는 패션의 품목이 태어나는 데 가장 큰 영향을 미친 게 바로 말 타는 기술, 즉 승마다. 코트는 승마의 역사와 깊이 연결되어 있다.

인간이 말을 길들이기 시작한 연대는 보통 기원전 4500년경으로 추정된다. 유적에서 발견된 부장품들은 당시 말의 입에 물린 재 갈의 흔적을 보여준다. 인간은 공간의 제약을 극복하기 위해 말 이란 동물이 지닌 탁월한 미덕을 발견하고 그것을 키워왔다. 로 마가 세계를 제패하던 시절, 말을 가진 기병은 군대의 자랑이었 다. 기병이라는 지위는 로마의 상류계층 출신임을 드러내는 지 표였다. 당시는 전쟁에 필요한 병기와 물자를 시민이 직접 구매 해야 했던 시절임을 고려할 때, 말은 그 자체로 고가의 장비였다. 그 옛날에도 말은 귀족의 정신성과 물질적 수준을 보여주는 지표였다는 의미다.

말은 17세기부터 귀족의 사회적 정체성을 외부에 드러내는 상징이 되었다. 이 시절, 다양한 승마교본이 시장에 쏟아져나왔다. 프랑스 루이 13세의 승마 교사였던 앙투안 드 플뤼비넬은 당시 귀족들의 베스트셀러 승마교본인 《르 마네쥬 루아얄Le Manège Royal》을 썼다. 1623년 출간된 이 책은 오늘날까지 승마기술의 이론적 토대를 제공할 만큼 그 내용과 구성이 탄탄하다. 책의 구성은 왕과 교사가 나누는 대화의 내용을 중심으로 한 사회적 직급에 맞는 최상의 승마기술과 이에 따른 맞춤형 교육 프로그램으로 정리되어있다.

프랑스에서 승마는 귀족 교육의 필수코스인 인문학 수업의 확장이었다. 말을 훈련시키는 기술은 당시 최상급 기술에 속했다. 말 한 마리를 훈련시키기 위해 말의 신체적 특성은 물론이요, 훈련 도구 제작에 관한 지식까지 익혀야 했다. 오죽했으면 박사학위를 따는 것보다 말을 훈련시키는 게 더 어렵다는 푸념이 나왔을까. 승마는 또한 리더십을 가르치기도 했다. 지배와 복종, 벌과 보상을 베풀 시점을 가르치고, 이를 몸으로 체현하는 습관을 몸에 익히도록 했다. 말은 사람이 올라탄 상태에서 정확한 자세를 취하지 않는 한 한 발자국도 앞으로 나가지 않는다. 이런 말을 훈련시키기 위해서는 말의 신체적·정서적 특징을 이해해야 하고, 현명하게 이끌 기술을 익혀야 했다. 그 과정을 통해 왕과 귀족들은 올바른 통치와 권위를 갖기 위해 필요한 덕성이 무엇인지 학습할 수 있었다. 이와 더불어 승마할 때 입는 옷은 자유로운 움직임이 가능한 기능성과 함께 말 위의 인간을 존귀하게 느낄 수 있도록 권위와 품격을 담아내야 했다. 승마복으로 인기를 끈 대표적인 옷이 바로 프록코트다.

프록frock은 원래 '작업복'이란 뜻으로 노동자들이 입는 느슨한 겉옷이었다. 재단사들은 여기에 버튼을 달고, 소매를 짧게 하고, 넓은 커프스를 달았다. 또 앞판에는 단추를 달고 눈에 보일 정도로 큰 포켓을 달았다. 거기에 더해 칼을 쉽게 뺄 수 있도록 틈도 만들어 넣었다. 이 옷이 나중에 '프록코트'라고 불리게 되었고, 1730년대 이후부터는 승마복으로 각광받기 시작했다. 귀족들이 운동을 할 때뿐만 아니라 일상에서도 코트를 즐겨 입게 되면서 코트는 권위와 격식, 예의를 상징하는 인간의 필수품이 되었다. 유물론을 통해 실재를 파악하고 역사를 해석한 칼 마르크스에게도 코트는 중요한 사물이었다. 1849년 영국으로 망명한 그는 런던 빈민가에서 일곱 명의 자식과 함께 조그만 아파트에서 살았는데, 아픈 자식들이 죽어가도 손을 못 쓸 정도로 가난했다고 한다. 당시 그의 주요 수입원은 몇 개의 잡지에 글을 기고하는 게 전부였고, 형편없는 원고료로 가계를 꾸려가기에는 너무 버거웠다. 그때마다 그는 전당포에 자신의 프록코트를 저당 잡히고 식료품을 샀다. 하지만 전당포에 코트를 맡기는 날에는 그가 글을 쓰러 자주 갔던 대영도서관 입장이 불가능했다. 당시 대영도서관은 코트를 착용하지 않은 자들의 입장을 불허했다. 코트가 없는 사람은 그만한 품위와 격식이 없는 사람으로 봤기 때문이다. 결국 친구인 엥겔스가 돈을 보내주면 마르크스는 코트를 되찾아 입고 도서관으로 갔다. 그때 도서관에 틀어박혀 집필한 책이 바로《자본론》이다. 위 일화를 비추어 보건대 복식 연구자들의 "마르크스의《자본론》은 한 벌의 코트에서 시작되었다."는 농담은 꽤 그럴듯해 보인다.

격식과 예의를 상징했던 프록코트는 모든 남성코트의 거푸집 같은 역할을 하며 또 다른 새로운 코트를 탄생시켰다. 여기에서 나온 체스터필드 코트는 남성용 코트 가운데 가장 전통적이고 격식을 갖춘 형태로, 칼라 윗부분에 검은색 벨벳 천을 장식하는 게 특징이다. 이는 프랑스 혁명 때 희생당한 사람들을 애도하는 뜻에서 달기 시작한 것으로, 이 때문에 체스터필드 코트는 신사의 정신을 상징하는 코트로 여겨졌다. 이 외에도 낙타의 솜털로 만든 낙타색 코트는 유럽 귀족의 상징이자 상류층의 전유물이 되었다.

여성들은 영국에서 기원한 승마용 외투인 라이딩 코트riding-coat를 프랑스식으로 변형한 '르뎅고트redingote'를 주로 입었다. 이 코트는 상의는 몸에 꼭 맞게 재단하고, 뒤판 중앙에는 슬릿을 넣어 활동하기 편하게 디자인한 것이 특징이다. 이처럼 승마는 귀족문화의 유산을 남겼을 뿐만 아니라 남성과 여성 모두에게 코트라는 근사한 옷을 선사해주었다.

고대 아리안 민족은 타고 다니던 말이 죽으면 자신의 곁에 묻는 '마부장horse burial'을 했다. 이들에게 말은 한마디로 '신의 선물'이었다. 말 덕분에 인간은 시공간을 축소해서 이동할 수 있었고, 공간의 한계를 극복한 결과 새로운 땅을 정복할 수 있었다. 이를 비추어 보건대, 코트가 격식과 품위의 상징이 된 것은 어찌 보면 당연한 결과인지도 모르겠다. 말은 그 옛날부터 인간의 시간을 확장시키고 땅을 지배할 수 있도록 도움을 준 탁월한 존재였다. 게다가 고가의 몸값을 자랑하는 말은 그것을 소유한 사람의 신분을 드러내는 지표였다. 이렇듯 말과 인간의 유구한 관계 속에서 승마가 만들어낸 옷인 코트를 유추해 볼 수 있는 것은 어찌 보면 당연한 게 아닐까.

남녀를 가르는 태도와 포즈의 탄생

feat. 카린 로이펠트

*"나는 이브 생 로랑이 만든 여인의 이미지를 신뢰한다.
그들은 바지 호주머니에 손을 집어넣거나
연인의 손을 잡고 있다.
그들에겐 가방 따윈 필요 없다."*

전직 파리판 〈보그〉의 편집장이었던 카린 로이펠트는
수많은 디자이너들의 창작에 영감을 주기도 했는데,
그중에 하나가 이브 생 로랑이다.
이브 생 로랑은 카린의 타고난 기품과

패션 스타일링에서 영감을 받아

성별에 구속되지 않는 양성성이 강한

여성의 이미지를 창조해냈다.

여성 패션에 최초로 바지 정장을 도입해

현대 여성의 패션을 획기적으로 변화시켰다는 평가를 받는

이브 생 로랑은

디자인뿐만 아니라 모델의 포즈에서도

남녀의 경계를 없앴다.

이전까지 여성들의 손은 장갑 속에 은폐되어있거나,

가지런히 포갠 상태로 수동적인 여성의 이미지를

드러내는 데만 사용되었지만,

바지 정장이 생기고는 모든 게 달라졌다.

바지 포켓에 손을 집어넣는 포즈는

당시 여성들에게 해방과 독립의 상징이었다.

나는 한 벌의 옷을 구성하는 요소에 관심이 많다. 타인의 시선을 끄는 목 부위를 위한 네크라인과 칼라, 팔의 움직임을 전달하는 소매, 여밈을 위한 지퍼와 단추, 손과 손목을 이어주며 옷을 벗기 쉽게 해주는 커프스, 직물 표면의 프린트, 섬세한 장식주름, 포켓에 이르기까지 내 관심사는 다양하다. 이 요소들은 서로 뒤섞이면서 옷의 표정을 만든다. 그중에서도 포켓은 의복을 구성하는 데 있어 작지만 중요한 역할을 담당한다. 포켓은 눈에 잘 띄지는 않지만 패션의 변화에 예민하게 반응해왔다.

포켓은 우선 실용적인 기능을 담당한다. 휴대전화, 열쇠, 신용카드, 동전 등을 포켓에 넣고 다니면 일단 손이 자유로워진다. 이처럼 포켓은 가방이나 지갑, 파우치처럼 소지품을 담는 데 요긴하게 사용됨으로써 여행을 비롯한 이동성이 요구되는 인간에게는 필수 장치라 할 수 있다. 하지만 포켓이 특정한 제스처와 포즈를 만들고, 이것이 사회문화적으로 구성되는 성, 바로 젠더의 차이를 만드는 데 일조했다는 사실을 아는 이는 드물다.

18세기의 여인들은 스커트 측면에 빗금을 내고 그 안에 주머니를 달았다. 주머니 표면에는 자수를 놓아 예쁘게 꾸몄다. 주머니의 형태는 여성의 자궁 모양을 따서 만듦으로써 생명력과 출산에 대한 염원을 담았다. 당시 여성들의 옷은 무게만 6킬로그램에 육박했는데, 여기에 수 겹의 페티코트까지 입고 그 안에는 스커트를 풍성하게 보이도록 고래수염으로 만든 파니에란 틀을 넣었다. 그러던 1789년 프랑스 혁명 이후부터 옷은 한없이 가벼워졌다. 모슬린이나 울을 소재로 한 옷들은 풍만함보다는 원통형의 날씬한 실루엣을 추구했다. 하지만 이런 옷들은 포켓을 안에다 달면 옷의 형태가 쉽게 망가졌다. 결국 속주머니는 사라지고, 현대판 핸드백의 효시인 레티큘reticule이 등장하게 되었다.

19세기 여인들은 허리띠에 집안 가사활동과 관련된 물품들을 매달고 다녔다. 이를테면 재봉도구, 향수병, 바늘집, 동전 통, 열쇠 등 주로 소리 나는 것들이었다. 이것은 서양 중세시대 영주의 부인들이 차던 '성의 안주인'이란 뜻의 샤틀렌chatelaine이란 장식에서 유래했는데, 19세기에 고풍스러운 앤티크 스타일이 유행하면서 다시 인기를 끌었다. 현대에 들어 허리에 착용하는 가방 열풍이 불었는데, 이 역시 샤틀렌으로부터 영감을 얻었다고 볼 수 있다. 19세기 말 호주머니를 단 편물 카디건이 유행하면서 여인들은 드디어 호주머니를 갖게 되었다. 문제는 이 옷을 입고 여행하다가 소매치기를 당하는 일이 빈번하게 생겼는데, 이 때문에 겨울용 손 토시 안에 작은 주머니를 만들어 소지품을 담기도 했다.

19세기 후반 남성들도 포켓 때문에 고민에 빠진다. 당시의 시대는 남성들에게 시각적으로 깔끔한 느낌을 요구했다. 예전처럼 포켓에 개인물품을 가득 넣고 다니다가는 옷의 형태가 무너지고, 이로 인해 깔끔하지 못하다는 비난을 사야 했기 때문이다. 현대의 정장도 포켓이 달려있긴 하지만 사용하지 못하도록 박음질되어있는 이유를 이제는 이해할 수 있으리라.

19세기 빅토리아 시대의 부부 초상사진을 보면 하나같이 포즈가 똑같다. 여자는 의자에 앉고, 남편은 한 손은 아내가 앉은 의자에 살짝 걸치고 나머지 손은 바지의 호주머니에 찔러 넣는다. 여자의 옷에는 호주머니가 없기 때문에 여자는 항상 손을 내놓고 있다. 사실 여자들의 이러한 포즈에도 다 나름의 이유가 있다. 그 당시에는 남편의 부와 그 혜택으로 인해 노동을 변제받은 아내의 고운 손을 보여주는 것이 미덕이었기 때문이다. 반면, 남자들은 호주머니에 손을 찔러 넣는 포즈를 통해 자신의 감정을 쉽게 드러낼 수 있었다. 남자들은 호주머니를 자신의 적극성과 남성으로서의 행동의 자유를 표현하기 위한 수단으로 썼다. 1868년 영국의 공립학교들은 학생들에게 바지에서 주머니를 없애라는 명령을 내린다. 시종일관 호주머니에 손을 찔러 넣고 다니면 걸음걸이도 이상해지고 구부정한 몸가짐을 갖게 된다는 이유에서였다. 그럼에도 호주머니에 손을 넣고 걷는 것은 사라지지 않고 오히려 더 심해졌다. 19세기 말에 이르자 이같은 문제를 지적하는 문헌들이 급증했다. 국가이념이 나태해지고, 위생개념에 반한다는 가당찮은 이유에서였다.

1914년, 샤넬은 남자의 전유물이었던 니트 카디건을 새롭게 디자인해서 여성들을 위한 스포츠웨어로 탄생시킨다. 이때 카디건 주머니에 손을 찔러 넣는 건 신여성의 새로운 포즈였다.

주머니 하나 때문에 여성과 남성의 성의 차이가 나눠진다는 게 놀랍지 않은가. 포켓은 옷을 구성하는 작은 요소에 불과하지만, 옷을 입은 인간의 성별을 나누는 태도와 포즈를 만들어냈다.

우리가 몰랐던 모피의 불편한 진실

feat. 마하트마 간디

*"한 국가의 위대함과 도덕적 진보는
그 나라에서 동물이 받는 대우로 가늠할 수 있다."*

몇 년 전 국내의 한 의류업체가 고양이 모피를
온라인 쇼핑몰에서 판매했다가 동물보호단체와
애묘인들의 극렬한 항의에 부딪혔다.
업체는 해당 상품이 중국산 모피라고 해명했지만,
이조차도 불법 포획된 길고양이와 야생 고양이의 모피로
밝혀지면서 판매 중단은 물론 전량 수거 및 소각되었다.

충격적인 것은 중국 북부에서만 매년 200만 마리가 넘는 개와
고양이가 모피를 위해 희생되어 세계 각지로 팔려나간다는
사실이다. 전 세계적으로 연간 4,000만 마리의 동물이
모피 때문에 학살되고 1,000만 마리 이상이 야생에서
덫에 걸려 죽어가지만, 모피 수요가 워낙 많다 보니
개나 고양이까지 포획하기에 이른 것이다.
모피를 둘러싼 동물학대 문제는 동물의 권리와
관련된 이슈와 맞물려 사회적으로 많이 알려지긴 했지만,
모피 착용에 관한 논쟁은 여전히 첨예하게 찬반이 나뉘고 있다.
모피 착용에 반대하는 사람들은 동물학대와 보호를 이유로
상품화되면 안 된다고 주장하고 있지만,
찬성론자들은 순전히 '개인의 취향' 문제라며,
동물의 고기는 먹으면서 털가죽 사용을 반대하는 건
이중적인 태도라고 맞선다. 끝없는 논쟁을 야기하는 모피와
동물복지에 관해 무엇이 정답이라고 단정지을 수는 없지만
적어도 모피의 화려함 속에 감춰진 진실을
제대로 들여다보고 생각해봐야 한다.
우리가 '어떤' 모피를 '어떻게' 만들어
소비하고 있는지에 대해.

인간은 예부터 동물의 표피를 사랑했다. 특히 모피는 그 어떤 소재와도 비교할 수 없는 따뜻함과 고급스러움으로 많은 사랑을 받아왔다. 잘 깎은 모피를 만지다 보면 푹신함과 더불어 안락함과 성적 욕망까지 느껴진다. 이러한 촉각이 환기시키는 느낌이 모피가 사랑을 받는 이유 중의 하나가 아닐까 싶다. 의류뿐만 아니라 소파, 카펫, 커튼 등에도 다양하게 사용되는 '벨벳Velvet' 역시 짧게 자른 동물의 털을 만지는 느낌을 재현한 소재다.

보드라운 촉각을 자랑하는 모피는 고대부터 부와 글래머의 상징이었다. 모피로 만든 코트는 오랫동안 사치품으로 분류되고 돈 많은 사모님들의 전유물이라는 인식을 벗어나지 못했지만, 최근에는 옷의 부분적인 장식으로 모피를 사용하거나 목을 감싸는 스톨stole 형태로도 많이 만들어지면서 이에 대한 젊은 층의 관심도 높아졌다. 하지만 아무리 모피산업이 대중화되고 사람들에게 친숙해졌다고 할지라도 항상 모피에 따라붙는 문제가 있다. 바로 동물보호 문제다.

오래전부터 사람들은 손상이 없는 무결한 모피를 얻기 위해 덫을 설치해 동물을 산 채로 잡았다. 기원전 7세기경 중국 춘추시대 제나라의 정치가 관중이 저술한 《관자管子》에 보면 고조선은 최상급의 문피, 즉 호랑이나 표범과 같이 얼룩무늬 맹수의 가죽을 수출하는 모피 무역의 중심지로 소개되고 있다. 고구려 시대 무용총의 수렵도를 보면 말을 타고 풍산개와 함께 달리며 호랑이와 사슴에게 활을 겨누는 무사들이 보인다. 그런데 화살촉을 자세히 살펴보면 날카롭지가 않다. 즉, 명적이라 불리는 소리 나는 화살촉을 이용, 몰이사냥을 했던 것이다. 모피는 상한 부분이 있으면 값이 크게 떨어지므로 명적이 달린 활을 이용해 동물을 몰아서 미리 나무에 쳐둔 울타리 덫에 빠지도록 했다.

모피는 금광이나 석유산업이 태동하기 이전, 인류 경제사 곳곳에서 강력하게 작용한 경제 동인으로 동양과 서양, 온대와 한대 사이의 교역을 이어주는 세계사의 커다란 축이었다. 오늘날의 캐나다를 탄생시킨 요인 역시 모피였다. 프랑스의 탐험가 샹플랭의 주도 아래 모피 무역이 촉진되면서 캐나다 지역에서는 17세기 초반에서 19세기 중반까지 약 250여 년간 모피 교역이 활발하게 이루어졌다. 그 당시 프랑스에서는 챙 넓은 펠트모자가 유행하면서 비버털로 만든 펠트의 수요가 엄청나게 증가했다. 비버의 부드러운 잔털로 만든 펠트는 모자를 만드는 최고의 소재였다. 비버의 잔털가닥은 미늘 형태로 되어있어 촘촘하게 짤 수 있었기 때문이다. 이 비버를 포획하는 과정에서 유럽 출신의 사냥꾼과 탐험가들이 캐나다 각 지역을 탐색하게 되었고, 기독교 전파를 위한 선교사 파송도 이어졌다. 그렇게 캐나다는 유럽인들과 토착 인디언들이 서로 사회경제적 관계를 맺는 과정에서 태어났다.

한편 인간의 유행은 분별없는 사냥을 부추겼고, 결국 비버의 씨를 말렸다. 1720년까지 북미 동부에서 죽은 비버의 수만 무려 200만 마리가 넘었다고 한다. 그렇게 유럽과 시베리아, 북미에서 비버가 자취를 감추자 19세기에는 물개가 유행하였고, 그 뒤로 20세기 초에는 검은 여우가 각광받았다. 대학살의 여파로 야생동물의 품귀현상이 일어나면서 이때부터 모피용 동물 사육이 시작되었다. 예를 들어 은여우를 잡아다가 우리에 가둬 사육하는 방식이었다. 그러다 2차 세계대전이 일어나면서 모피산업은 침체기에 빠졌다. 전쟁 기간 동안 물자가 턱없이 부족해지면서 천은 물론 실과 바늘도 배급을 받아야 했던 것이다. 전쟁이 끝나고 경제가 호황을 맞으면서 모피의 인기는 다시 요동치기 시작했다. 이때 등장한 게 바로 '모피의 여왕' 밍크다. 여자들은 밍크의 부드러움과 우아함에 순식간에 빠져버렸다.

모피코트 한 벌을 위해서는 백 마리의 친칠라가, 여우코트 한 벌에는 스무 마리의 여우가, 밍크코트 한 벌에는 쉰다섯 마리의 밍크가 필요하다. 이렇게 매년 8,000만~1억 마리의 동물이 모피 제조를 위해 죽임을 당한다. 4,000만 마리의 밍크와 1,000만 마리의 여우가 사육되거나 덫에 잡히고, 400만 마리의 캥거루가 사냥되며, 15만 마리의 검은담비와 30만 마리의 너구리가 산 채로 껍질이 벗겨진다. 사육여우가 모피 제공을 위해 도살되기까지는 평균 7년의 시간이 걸린다. 그 기간 동안 여우는 1미터도 채 되지 않는 공간에 갇혀 지낸다. 게다가 모피의 질을 떨어뜨리지 않기 위해 동물의 의식이 남아있는 상태에서 껍질을 벗겨낸다. 너무나 끔찍하지 않을 수 없다. 지금도 캐나다에선 매년 30만 마리 정도의 바다표범들이 희생되고 있다. 이때 사냥되는 바다표범은 대부분 생후 3개월이 채 되지 않은 새끼로, 사냥꾼은 이들을 총으로 쏘거나 몽둥이로 머리를 가격해 죽인다. 털가죽과 오메가3 지방산을 얻기 위해서다.

1995년 5월 캘리포니아 주 베벌리힐스 주민들은 동물보호단체가 발의한 '모피품질표시법'과 싸우기 위해 표결에 들어갔다. 이들은 동물보호단체가 모피상품에다 동물들이 잔인하게 희생되고 있다는 사실을 알리는 경고를 넣자는 법안에 반대했다. 그 경고는 이러했다. '소비자 경고: 이 상품은 감전사, 질식사, 목 꺾임, 독살, 곤봉질, 밟힘과 강철 덫에 턱이 조이거나 다리가 붙잡혀서 죽은 동물의 모피로 만들어졌습니다.'
모피품질표시 법안을 놓고 표결한 결과, 안타깝게도 이 법안은 부결되었지만 모피 사용 반대를 향한 변화의 바람은 계속되었다. 윤리적 소비, 착한 소비의 붐을 타고 동물을 상대로 비윤리적인 실험을 하거나 불필요한 고통을 주며 잔인하게 도살하는 기업들에 대한 소비자들의 비난은 점점 거세졌다.
몇 년 전, 세계적으로 저명한 구두 브랜드 마놀로 블라닉은 미국 동물보호법을 위반하고 멸종 위기에 처한 뱀 피혁으로 만든 구두를 수입하려다 걸려 법정 소송에 휘말렸다. 최근에는 명품 브랜드 에르메스의 버킨백도 논란이 됐다. 프렌치 팝의 전설로 불리는 가수 제인 버킨이 자신의 이름을 딴 이 가방에서 자기 이름을 빼달라고 성명을 낸 것이다. 동물보호단체인 PETAPeople for the Ethical Treatment of Animals가 에르메스 사에 악어가죽을 공급하는 농장에서 자행되는 동물학대 장면을 폭로한 영상을 본 그녀는 성명을 통해 국제표준이 정착될 때까지 제품명을 바꿔달라고 요청했다. 이에 에르메스는 멸종위기에 처한 야생동식물 거래를 규정한 '워싱턴 협약'을 준수하며, PETA가 지목한 농장에 대해 감사를 진행하겠다며 악화된 여론을 돌이키기 위해 애썼다. 결국 버킨의 이름은 빼지 않기로 일단락되었지만, 그만큼 생명윤리에 대한 대중의 감수성이 높아졌다는 것을 반증하는 사례라고 볼 수 있다.

자연계로부터 획득한 자원을 통해 인간의 삶이 윤택해졌는지는 몰라도 이로 인해 많은 야생동물들은 고통 속에 몸부림치면서 죽어갔다. 인간의 이기심으로 고통 받는 생명들이 더 이상 없길, 그들이 보다 자유로워지길 바랄 뿐이다. 더 이상 퍼Fur렇게 두 눈 뜨고 죽어가는 동물들이 없었으면 하는 마음이다. 나도 이제 오메가3 끊을란다.

제2의 피부

∧∧∧∧∧∧∧∧∧∧∧∧

혁신이란 가죽을 벗기는 아픔을 감수하는 것

feat. 살바토레 페레가모

"패션을 결정하는 이는 누구란 말인가?
새로운 패션이란 결국
디자이너의 내면에서부터
시작되는 것이다.
디자이너는 단지 세상이 자신의 아이디어를
인정할 준비할 준비가 되어있지 않다는 이유로
스스로를 억눌러서는 안 된다."

이탈리아 최고의 구두장인 살바토레 페라가모는 1898년

이탈리아의 한 가난한 시골농가에서 열한 번째 아이로 태어났다.
그가 처음으로 구두를 만든 것은 아홉 살 때로,
구두를 살 형편이 되지 않았던 누이들을 위해
마을의 구두수선공에게 재료를 빌려 만든 것이라고 한다.
그 뒤, 나폴리의 한 제혁공장에서 구두제조를 배운 그는
열네 살에 직접 가게를 열어 여섯 명의 조수와 함께
수제화를 만들었다. 1914년 페라가모는 형을 따라
미국으로 건너갔지만, 공장에서 대량생산하는
제화방식에 불만을 품고 할리우드에
맞춤 수제구두 공방을 차렸다.
무엇보다 발이 편한 구두를 만들고 싶었던 그는
UCLA에서 인체해부학 강의까지 듣고,
인체과학과 공기역학을 고려한 디자인을 만들기 위해 애썼다.
때문에 그의 제화 주문서는 건축설계도면에
비견될 만큼 복잡했다고 한다.
그는 구두제작을 위한 다양한 실험을 모색했다.
투명 낚싯줄로 발등과 발목을 엮어 만든 투명구두에서부터
인조 플라스틱인 베이클라이트 수지로 만든 구두 굽과
저지소재로 만든 구두 갑피,
심지어 와인 병에 사용되는 코르크 마개를 이용한

구두 굽까지 제작했다.

특히 코르크 굽은 페라가모의 유명한 발명품 중 하나로,

1937년에 특허까지 취득했다.

굽을 높이면서도 발을 안정감 있게 받쳐주기 위한

기능성에 주안점을 둔 코르크 굽은

이후 척추교정용과 같은

기능성 구두제작의 시초가 되었다.

재료 사용에 제한을 두지 않은 그의 독특한 구두는

기존의 구두제작 방식과 비교하면 혁신 그 자체였다.

이는 2차 세계대전으로 물자가 부족해지면서

가죽이나 쇠 등 구두 원자재를 그 대체재로서

코르크, 플라스틱, 철사, 물고기 가죽, 라피아야자 등을

소재로 개발한 결과였다.

이처럼 페라가모의 역사는 물질적 결핍을

실험정신과 상상력으로 극복한,

한마디로 '혁신의 역사'라고 할 수 있다.

그는 세상이 자신의 아이디어를 인정하건 말건,

거기에 굴복하지 않고 자신의 신념을 끝까지 밀고 나갔고,

결국 세계 신발사에 남을 독창적이고 모던한 작품을 남겼다.

강의차 어느 기업 연수원에 들렀다가 벽면에 정리된 연혁沿革을 무심코 바라보았는데, 그 '연혁'이란 단어가 내 머릿속을 계속 맴돌았다. 연혁은 모두가 잘 알고 있듯이 '변천하여 온 과정'이다. '따를 연沿' 자는 물水과 산 속의 늪 연㕣이 결합된 말로, 산에서 발원한 물이 아래를 향해 흐른다는 뜻이다. 이는 인간이 자연스레 누적해온 방법론의 흔적이자, 조직이 상황에 따라 변신해온 외양의 역사를 포함한다. 그런데 이 한자를 음미할 때마다 씁쓸한 기분이 든다. 위에서 아래로 자연스레 흐르며 만들어진 '정신의 기준'이란 뜻보다, 물이 흐르지 못한 채 상부에 고여 썩어가는 늪이 떠올라서다.

연혁이란 단어를 구성하는 두 번째 단어는 '가죽 혁革' 자다. 그래서 연혁이란 말에는 '면도날을 갈기 위해 쓰는 가죽'이라는 뜻도 담겨있다. 패션의 역사를 연구하는 내게 이 가죽 혁 자는 특별한 의미가 있다. 척박한 외부환경으로부터 인간의 몸을 지키고 안식처를 확보하는 것이 최우선이었던 고대부터, 동물을 식량으로 조달하고 남은 부산물을 이용해 만든 가죽만큼 인간을 보호하는 훌륭한 소재는 없었다. 겉은 털로, 속은 지방층으로 덮인 원피를 버리고 내구성과 형태를 가진 스킨을 바느질해 옷으로 만들어 입으면서 패션도 함께 태어났다. 인간의 패션을 '제2의 피부second skin'라 부르는 것도 이 때문이다.

인류의 역사와 함께 발달해온 만큼 가죽이 담아내는 문화적 의미 역시 깊고 다양하다. 고대 그리스 제사장들은 꿈속에서 예언의 목소리를 듣기 위해 가죽 깔개 위에 누워 잠을 청했고, 이집트인들에게 가죽은 악령을 쫓는 종교적 의미가 있었다. 고급스러움과 관능미가 넘치는 가죽은 저항정신의 아이콘이기도 했다. 1950년대 영화배우 말론 브란도가 영화 〈위험한 질주〉에서 입었던 모터사이클용 가죽재킷은 전후 기성세대를 향한 청년들의 저항을 상징했다. 술로 장식한 스웨이드 재킷은 원래 카우보이와 북미 원주민들의 복장이었으나, 1960년대에는 기성체계에 저항하는 히피의 상징으로 쓰였다. 또 세계대전 당시 폭격기 조종사들이 입던 가죽재킷은 영웅의 징표였던 반면, 나치 친위대가 입은 블랙 가죽코트는 공포를 상징했다.

가죽으로 옷을 만들려면 고대부터 전해 내려온 수작업을 거쳐야 한다. 가죽 한 벌이 옷으로 만들어지기까지 최소 25명의 손을 거쳐야 하는 만큼 가죽은 손이 많이 가는 까다로운 소재다. 고대 로마는 가죽 태닝leather tanning, 즉 무두질 산업의 중심지였다. 세상의 모든 가죽은 로마로 통한다고 해도 과언이 아닐 정도로, 그 당시 로마인의 가죽에 대한 애정은 각별했다. 23킬로그램에 육박하는 군인의 갑옷 상판과 다리 보호대에 가죽을 대는 건 기본이요, 장갑과 크레피스krepis라 불린 남성용 샌들에 이르기까지 모두 가죽을 사용했다. 가죽에 대한 애정만큼이나 로마 사람들은 오랫동안 전해 내려온 양질의 무두질 기술을 가지고 있었다. 호메로스의 《일리아드》에도 "황소 가죽은 지방에 푹 담근 후에 꺼낸다. 이후에 원을 그리며 서있는 남자들이 가죽을 앞뒤로 잡아당긴다. 이렇게 해야만 동물의 지방이 모공 속으로 잘 침투하기 때문이다."라는 무두질에 대한 설명이 나올 만큼 무두질은 인류가 터득한 가장 오래 된 기술 중의 하나다. 동물의 원피로부터 가죽을 만드는 공정인 무두질은 가죽이 부패하지 않고 오랫동안 보존될 수 있게 해주는 한편, 가죽을 부드럽게 만들어준다. 힘을 가해 살에서 분리해낸 원피를 내구성과 탄력성을 가진 가죽으로 만드는 무두질은 가장 중요한 공정으로, 무두질 기술의 수준에 따라 가죽제품의 질이 고급과 저급으로 나뉜다.

무두질은 나무의 껍질, 가지, 잎, 열매로부터 얻을 수 있는 탄닌산을 이용한다. 무두질을 '태닝'이라 부르는 것은 여기에서 유래했다. 탄닌산은 가죽의 단백질 섬유 사이에 있는 수분을 제거하고 섬유와 섬유를 결합시키는 역할을 한다. 이 탄닌산으로 무두질을 하면 단백질 분자의 구조가 안정화되어 잘 굳지 않고 부드러운 상태를 오래 유지할 수 있으며 깊이 있는 색을 지닌다. 신기한 건 무두질을 통해 원피의 단백질 구조가 완전히 바뀐다는 것이다. 즉, 사물의 형질 자체가 바뀐다는 뜻이다.

인간은 피부를 통해 외부와 접촉한다. 엄마의 뱃속에 있는 아기는 청력이 완성되기 전까지 피부로 세상의 소리를 듣는다. 아기와 엄마가 서로의 피부로 살을 부비는 동안 촉각은 상호간의 관계를 단단하게 하고, 엄마의 사랑이 피부를 타고 아기에게 그대로 전달이 된다. 피부는 인간의 몸을 보호할 뿐만 아니라 마음을 담는 그릇이며, 매혹을 느끼는 시작점이기도 하다. 세상의 모든 가죽이 외부의 힘에 의해 생살로부터 찢기고 단백질 구조가 바뀌는 무두질을 거친 후에야 비로소 탄생되듯이 혁신 또한 그렇다. 혁신이란, 말 그대로 기존 조직의 피부를 벗기고 새로운 피부를 이식하는 일이다. 이런 공통점이 있기에 나는 기업 혁신의 문제를 가죽의 무두질에 비유해 설명하곤 한다.

기업은 항상 자신의 표피 밖의 고객의 목소리를 자세히 들어야 한다. 엄마 뱃속에 있는 아기가 피부를 통해 엄마와 세상의 소리를 듣듯이 기업은 소비자와 항상 정서적 유대감을 나눠야 한다. 이런 방법을 통해 상품과 서비스가 보다 친밀하고 매혹적으로 느껴질 수 있다. 외국의 패션자료들을 찾아보면 'Dressing the Democracy', 'Dressing the Organization' 같은 제목의 글과 논문이 꽤 많은 걸 알 수 있다. 기업조직을, 혹은 민주주의 체계를 혁신하는 과정을 한 벌의 옷을 입히고 벗기는 행위를 통해 바라본 내용들이다. 혁신은 이처럼 매일 새로운 옷을 갈아입는 과정이어야 한다. 매일매일 옷을 갈아입는다고 해서 그것에 대해 잘 안다고 착각하면 안 된다. 혁신은 이런 당연한 생각을 부수는 데서 출발하는 것임을 잊지 말기 바란다.

지금 이 순간, 옷의 목소리를 들어라

나는 세상의 모든 사물은 자신의 목소리를 지니고 있다고 생각해왔다. 그 목소리로 사물과 관계를 맺고, 교우하는 사람들에게 지속적으로 말을 건넨다고 말이다. 옷도 마찬가지다. 아침마다 출근을 위해 옷장 앞에 설 때, 옷은 내게 말을 건다.
'누구를 만나서 무엇을 해야 하고, 어떤 관점을 갖고 어떻게 세상을 바라봐야 하는지 아는 네가 되었으면 좋겠어.'

옷 입기는 보수와 진보, 부자와 빈자, 남자와 여자를 가리지 않는 인류의 보편적 행위다. 인간은 누구나 사회라는 무대에 나서는 순간 착장을 한다. 옷을 입는 순간 우리는 다양한 얼굴을 가진 존재가 된다. 옷은 인간을 에로틱한 매력을 가진 존재로, 지식과 권력을 가진 능력자로, 아름다운 것을 선별하는 취향을 가진 존재로 만든다. 이렇게 옷은 인간을 발명한다.

그런데도 대부분의 사람들은 옷을 실용적인 필수품이나 아름다운 장식품 또는 헛된 사치품으로 여길 뿐, 정서적 동반자 혹은 사유를 품게 해주는 기폭제로는 생각하지 않는다. 아니, 이런 생각을 하는 자체가 익숙하지 않다. 사유나 철학은 항상 철학자 누구의 이름을 빌려야 가능한 것으로 믿어온 고정관념이 몸에 밴 탓이다. 패션은 그저 여성적인 것으로 간주되어 패션을 철학할 수 있는 기회란 어디에도 없었다.

나는 관념이 아닌 옷이란 구체적인 물질을 통해 인문학을 말하고 싶었다. 어떻게 입을 것인가의 문제는 어떻게 살 것인가의 문제다. 옷은 우리에게 삶에 대해 말해주는 의미 있는 사물이다. 따라서 패션은 시대의 변화에 어떻게 대응할 것인지를 탐색하는 자기혁신 과정이다.

이 책에 담긴 글을 통해 옷장이라는 정신의 서재에서 꺼낸 '옷에 관한 생각들'을 많은 독자와 나누고 싶었다. 우리 모두는 옷에서 결코 자유로울 수 없다. 너무나도 친숙한 탓에 '제대로 생각할 기회조차 없었던' 옷이라는 사물을 이 책을 통해 다시 한 번 생각해볼 수 있는 기회를 얻길 소망해본다. 한 가지 더 바라는 게 있다면, 책을 읽고 난 후 옷장 속에 아무렇게나 방치된 옷들을 곱게 개어놓거나 다림질이 필요한 옷은 골라서 주름을 펴보는, 그렇게 여러분의 생활 속에 조그만 변화가 일었으면 좋겠다. 옷장 하나도 정리 못하는 사람이 자신의 인생을 잘 정리할 수 있을 거라고는 믿지 않기 때문이다.

지금 당신의 옷장을 열어보라. 버려야 할 옷과 가지고 있어야 할 옷, 수선을 맡겨야 할 옷이 보일 것이다. 옷을 분류하며 삶이란 것에 대해 다시 한번 깊이 생각해보자. 옷이 내는 목소리는 생각보다 힘이 세다는 걸 알게 될 것이다.

- 가브리엘 타르드, 《모방의 법칙》, 이상률 옮김, 문예출판사, 2012
- 게오르그 빌헬름 프리드리히 헤겔, 《헤겔의 미학강의 1·2·3》, 두행숙 옮김, 은행나무, 2010
- 게오르그 짐멜, 《짐멜의 모더니티 읽기》, 김덕영·윤미애 옮김, 새물결, 2005
- 김선형, 《르네상스 예술에서 괴테를 읽다》, 열린책들, 2009
- 김소영, 《패션과 신체》, 한국학술정보, 2007
- 노르베르트 엘리아스, 《궁정사회》, 박여성 옮김, 한길사, 2003
- 다니엘 아라스 외, 《몸의 역사 1》, 주명철 옮김, 도서출판 길, 2014
- 데이비드 하비, 《파리 모더니티》, 김병화 옮김, 생각의 나무, 2010
- 루시 프래트·린다 울리, 《구두 : 그 취향과 우아함의 역사》, 김희상 옮김, 작가정신, 2005
- 리처드 세넷, 《장인 : 현대문명이 읽어버린 생각하는 손》, 김홍식 옮김, 21세기 북스, 2010,
- 라하르트 반 뒬멘, 《개인의 발견》, 최윤영 옮김, 현실문화연구, 2005
- 마크 기로워드, 《도시와 인간》, 민유기 옮김, 책과함께, 2009
- 마크 스미스, 《감각의 역사》, 김상훈 옮김, 수북, 2010
- 막스 폰 뵌, 《패션의 역사 1·2》, 이재원·천미수 옮김, 한길아트, 2000
- 발자크 외, 《우아한 삶에 대하여》, 고봉만 옮김, CBNU Press, 2010

- 밸러리 맨데스 · 에이미 드 라 헤이, 《20세기 패션》, 김정은 옮김, 시공아트, 2003
- 설혜심, 《서양의 관상학 그 긴 그림자》, 한길사, 2002
- 스티븐 부크먼, 《꽃을 읽다》, 박인용 옮김, 반니, 2016
- 야코프 부르크하르트, 《이탈리아 르네상스의 문화》, 이기숙 옮김, 한길사, 2003
- 에블린 웰치, 《르네상스 시대의 쇼핑》, 한은경 옮김, 에코리브르, 2010
- 워런 서스먼, 《역사로서의 문화》, 김덕호 옮김, 나남, 2015
- 엘리자베스 루스, 《코르셋에서 평크까지》, 이재한 옮김, 시지락, 2003
- 엘사 스키아파렐리, 《쇼킹 라이프》, 김홍기 옮김, 시공사, 2014
- 윌리엄 A. 로시, 《에로틱한 발: 발과 신발의 풍속사》, 그린비, 2002
- 이광주, 《교양의 탄생: 유럽을 만든 인문정신》, 한길사, 2009
- 임병철, 《르네상스기 이탈리아인들의 자아와 타자를 찾아서》, 푸른역사, 2012
- 임영방, 《바로크 : 17세기 미술을 중심으로》, 한길아트, 2011
- 쟈크 르 고프, 《서양 중세 문명》, 유희수 옮김, 문학과 지성사, 2008
- 쟈크 르 고프, 《중세 몸의 역사》, 채계병 옮김, 이카루스 미디어, 2009
- 제임스 레버, 《서양 패션의 역사》, 정인희 옮김, 시공아트, 2005
- 조안 드쟌, 《스타일 나다: 첨단패션과 유행의 탄생》, 최은정 옮김, 지안출판사, 2006
- 조앤 엔트위슬, 《패션화된 몸》, 최경희 옮김, 한성대학교 출판부, 2013
- 존 하비, 《블랙패션의 문화사》, 최성숙 옮김, 심산문화, 2008
- 지그문트 바우만, 《고독을 잃어버린 시간》, 조은평 · 강지은 옮김, 동녘, 2012
- 질 리포베츠키, 《패션의 제국》, 이득재 옮김, 문예출판사, 1999

- 츠베탕 토도로프 외, 《개인의 탄생: 서양예술의 이해》, 전성자 옮김, 기파랑, 2006
- 토머스 칼라일, 《의상철학》, 박상익 옮김, 한길사, 2008
- 팻 테인 외, 《노년의 역사》, 안병직 옮김, 글항아리, 2012
- 페르낭 브로델, 《물질문명과 자본주의 1-1: 일상생활의 구조 상》, 주경철 옮김, 까치, 1997
- 페르낭 브로델, 《물질문명과 자본주의 1-2: 일상생활의 구조 하》, 주경철 옮김, 까치, 1997
- 콜린 캠벨, 《낭만주의 윤리와 근대 소비주의 정신》, 박형신 옮김, 나남, 2010

- Adam Geczy, 《Fashion and Art》, Berg, 2012
- Aileen Ribeiro, 《Dress in Eighteenth-Century Europe》, Yale University Press, 2002
- Alina Payne, 《Histories of Ornament from Global to Local》, Princeton University Press, 2016
- Aly Guy, 《Through the Wardrobe : Women's Relationships with their Clothes》, Berg, 2003
- Amelia Peck, 《Interwoven Globe : The Worldwide Textile Trade, 1500~1800》, The Metropolitan Meseum of Art, 2013
- Amy de la Haye, 《Chanel》, V&A, 2011
- Andrew Bolton, 《WILD: Fashion Untamed》, The Metropolitan Museum of Art, 2004
- Annette Lynch & Mitchell D. Strauss, 《Changing Fashion》, Berg, 2007
- Ann Rosalind Jones & Peter Stallybrass, 《Renaissance Clothing & the Material of Memory》, Cambridge University Press, 2001
- Anne Hollander, 《Seeing Through Clothes》, California University

Press, 1993

- Ashley Mears, 《Pricing Beauty : The Making of a Fashion Model》, University of California Press, 2011
- Barbara Burman, 《Pocketing the Difference: Gender and Pockets in Nineteenth-Century Britain》, Gender & History Volume 14, Issue 3
- Bonnie English, 《Japanese Fashion Designers》, Berg, 2011
- Brent Shannon, 《The Cut of His Coat : Men, Dress & Consumer Culture in Britain 1860~1914》, Ohio University Press, 2006
- Brian J. McVeigh, 《Wearing Ideology》, Berg, 2000
- Bronwyn Cosgrave, 《The Complete History of Costume & Fashion》, Hamlyn, 2001
- Carole Collier Frick, 《Dressing Renaissance Florence》, Johns Hopkins University Press, 2005
- Caroline Evans, 《Fashion at the Edge》, Yale University Press, 2007
- Catherine Richardson, 《Clothing Culture, 1350~1650》, Routledge, 2016
- Colin McDowell, 《The Anatomy of Fashion》, Phaidon Press, 2013
- Colin McDowell, 《The Literary Companion to Fashion》, Sinclair-Stevenson Ltd, 1995
- Clare Haru Crowston, 《Fabricating Women: The Seamstresses of Old Regime France, 1675~1791》, Duke University Press Books, 2001
- Claire B. Shaeffer, 《Couture Sewing Technique》, Taunton, 2011
- Christopher Breward, 《Fashion》, Oxford University Press, 2003
- Christopher Breward, 《The London Look : Fashion from Street to Catwalk》, Yale University Press, 2004
- Charissa Bremer-David, 《Paris Life & Luxury in the Eighteenth-Century》, Getty Publication, 2011

- Daniel James Cole, 《The History of Modern Fashion》, Laurence King Publishing, 2015
- Daniel Roche, 《The Culture of Clothing : Dress and Fashion in the Ancien Régime》, Cambridge University Press, 1997
- Denis Bruna, 《Fashioning the Body : an Intimate History of the Silhouette》, Yale University Press, 2015
- Edward Maeder, 《An Elegant Art : Fashion & Fantasy in the Eighteenth Century》, LACM, 1983
- Fred Inglis, 《A Short History of Celebrity》, Princeton University Press, 2010
- Giorgio Riello & Peter McNeil, 《The Fashion History Reader》, Routledge, 2010
- Gloria Groom, 《Impressionism, Fashion, & Modernity》, Yale University Press, 2012
- Gianluca Bauzano, 《Mannequins : A History of Creativity Fashion and Art》, Skira, 2013
- H. Hahn, 《Scenes of Parisian Modernity》, Palgrave Macmillan, 2009
- Harriet Walker, 《Less is More : Minimalism in Fashion》, Merrell, 2011
- Harold Koda, 《Extreme Beauty : the Body Transformed》, The Metropolitan Museum of Art, 2004
- Isabella Campagnol, 《Forbidden Fashion: Invisible Luxuries in Early Venetian Convents》, Texas Tech University Press, 2014
- Jennifer Baumgartner, 《You are What you Wear》, Fletcher & Company, 2012
- Jérômine Savignon, 《Yves Saint Laurent's Studio : Mirror & Secrets》, Actes Sud, 2015
- Jessica Wolfendale, 《Fashion : Philosophy for Everyone》, Wiley, 2011

- Joan Dejean, 《The Essence of Style》, Free Press, 2006
- Juliet Ash, 《Chic Thrills》, Pandora Press, 2004
- Joanne Entwistle, 《The Aesthetic Economy of Fashion》, Berg, 2009
- John Brewer & Roy Porter, 《Consumption and World of Goods》, Routledge, 1994
- John Potvin, 《The Places and Spaces of Fashion, 1800~2007》, Routledge, 2013
- Jonathan Edmondson, 《Roman Dress & The Fabric of Roman Culture》, University of Toronto Press, 2009
- Katie Scott, 《Between Luxury & The Everyday》, Blackwell Publishing, 2006
- Kelly Olson, 《Dress and the Roman Woman : Self-presentation and society》, Routledge, 2008
- Linda Levy Peck, 《Consuming Splendor》, Cambridge University Press, 2005
- Linda Welters, 《The Fashion Reader》, Second Edition, Berg, 2011
- Ilya Parkins, 《Poiret, Dior and Schiaparelli : Fashion, Feminity and Modernity》, Berg, 2012
- Marcolm Barnard, 《Fashion Theory : A Reader》, Routledge, 2007
- Margarita Gleba, 《Dressing the Past》, Oxbow Books, 2008
- Marni Fogg, 《Fashion : The Whole Story》, Prestel, 2013
- Michelle Galindo, 《Fashion Worlds : Comtemporary Retail Spaces》, Braun Publish, 2012
- Michel Pastoureau, 《Black : The History of a Color》, Princeton University Press, 2008
- Michel Pastoureau, 《Blue : The History of a Color》, Princeton University Press, 2001

- Michel Pastoureau, 《Green : The History of a Color》, Princeton University Press, 2014
- Nancy J. Troy, 《Couture Culture: A Study in Modern Art and Fashion》, The MIT Press, 2002
- Nick Foulkes, 《High Society : The History of America's Upper Class》, Assouline, 2008
- Pamela Church Gibson, 《Fashion and Celebrity Culture》, Berg, 2012
- Peter Edwards and Karl Enenkel, 《The Horse as Cultural Icon : The Real and the Symbolic Horse in the Early Modern World》, Brill, 2011
- Peter McNeil, 《Fashion: Critical and Primary Sources Vol 1~4》, Berg, 2009
- Peter McNeil, 《The Men's Fashion Reader》, Berg, 2009
- Sharon Takeda, 《Reigning Men : Fashion in Menswear 1715~2015》, Prestel, 2016
- Shoshana-Rose Marzel, 《Dress and Ideology : Fashioning Identity from Antiquity to the Present》, Berg, 2015
- Stella Bruzzi and Pamela Church Gibson, 《Fashion Cultures Revisited》, Routledge, 2013
- Susan J. Vincent, 《The Anatomy of Fashion》, Berg, 2010
- Susan Kay Williams, 《The Story of Color in Textiles》, A&C Black, 2013
- Ulinka Rublack, 《Dressing Up : Cultural Identity in Renaissance Europe》, Oxford University Press, 2012
- Ulrich Lehmann, 《Tigersprung : Fashion in Modernity》, The MIT Press, 2002
- Valerie Steele, 《Shoe Obsession》, Yale University Press, 2013
- Valerie Steele, 《The Berg Companion to Fashion》, Berg, 2010

옷장 속 인문학

초판 1쇄 2016년 9월 7일
　　11쇄 2024년 8월 27일

지은이 | 김홍기

발행인 | 박장희
대표이사 겸 제작총괄 | 정철근
본부장 | 이정아
편집장 | 조한별

디자인 | 오필민 디자인

발행처 | 중앙일보에스(주)
주소 | (03909) 서울시 마포구 상암산로 48-6
등록 | 2008년 1월 25일 제2014-000178호
문의 | jbooks@joongang.co.kr
홈페이지 | jbooks.joins.com
네이버 포스트 | post.naver.com/joongangbooks
인스타그램 | @j__books

© 김홍기, 2016

ISBN 978-89-278-0792-6 03100

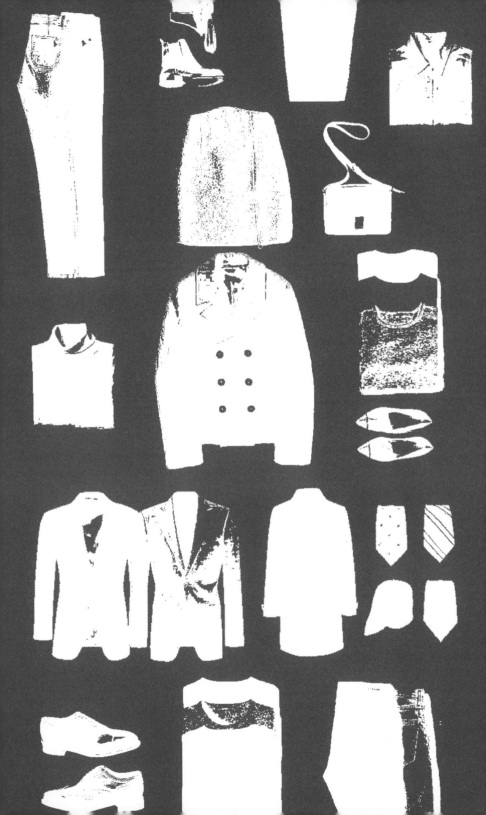

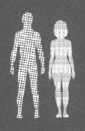